상태를
아는
사람

상대를 아는 사람

Know Your Evangelism Subject

들어가는 말

치유가 필요한
그들을 만나러 가는
당신에게

전 세계가 힐링Healing을 외치며 참된 치유를 구하고 갈망하고 있습니다. 치유, 회복을 뜻하는 힐링이라는 단어가 붙는 종교 활동이나 단체도 많이 등장하고 있습니다. 이들이 주장하는 것은 '영혼 치유'입니다. 그들 나름대로 무엇 때문에 영혼이 고통 받고, 고통스러울 수밖에 없는지 알려주고 해결책을 제시합니다. 사람들은 해결책을 따라 이런 저런 일을 해보기도 합니다. 그런데 해결되는 듯하다가도 일정한 시간이 지나고 나면 이러한 활동에 참여했던 사람들은 더욱 극심한 고통을 겪습니다. 근원적으로 존재하는 깊은 상처를 발견하지 못한 채, 임시적 치유 행위만 이루어지기 때문입니다. 이렇게 오는 영적 질병들에 대해서 누구도 해답을 줄 수 없습니다. 그러나 우리가 가진 복음에는 이 질병들을 치유할 능력이 있습니다. 참된 힐링이 가능해지는 것입니다.

주변을 둘러보면 참된 힐링이 필요한 사람이 많습니다. 그런데 간혹 전도하고 싶은 마음은 굴뚝같지만, 상대에게 어떻게 복음을 전하면 좋을지 몰라 당황스러울 때가 있습니다. 저 또한 현장에서 수없이 원색 복음을 전했지만, 간혹 망설일 때가 있었습니다. 지금 내 앞에 있는 상대가 어떤 사람인지, 이 사람에게 복음을 어떻게 전달하면 좋을지 고민스러웠습니다. 그래서 이 책은 진실로 현장전도를 고민하는 전도자들에게 답이 될 것이라 생각합니다.

이 책은 우리가 현장에서 만날 상대의 특성에 따라 총 6장으로 구성되어 있습니다. 각 장의 서론 부분기울임; 이탤릭에서는 상대를 만나러 가기 전, 전도자들이 미리 알아야 할 내용 또는 함께 나누고 싶은 이야기를 담았습니다. 더불어 본론에서는 상대에게 복음을 전할 때 필요한 내용을 전도자의 입장에서 직접적으로 담았습니다. 현장에 나가기 전, 우리가 만날 이들에게 복음을 제시할 전도자에게는 꼭 필요한 내용이 될 것입니다.

지역, 국가를 넘어 전 세계 237개 나라의 모든 사람이 복음을 들을 때까지 하나님의 사역을 하는 당신에게 이 책이 현장의 사람들을 알아가는 데 중요한 길잡이가 되길 기도합니다.

목 차

들어가는 말
치유가 필요한 그들을 만나러 가는 당신에게

01
무신론자

010

02
우상숭배자

026

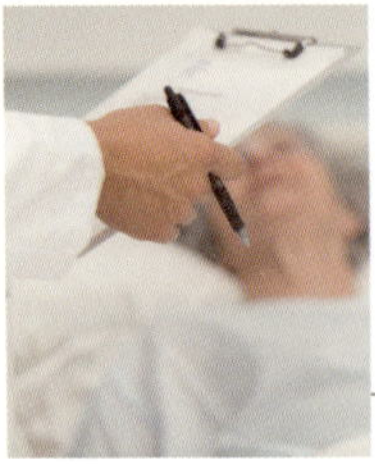

03
환자

054

상대를 아는 사람
Know Your Evangelism Subject

04
확신 없는
사람

072

05
낙심자

090

06
율법주의자

106

01
상대를 아는 사람

로마서 3:23~24 "모든 사람이 죄를 범하였으매 하나님의 영광에 이르지 못하더니 그리스도 예수 안에 있는 속량으로 말미암아 하나님의 은혜로 값 없이 의롭다 하심을 얻은 자 되었느니라"

무신론자

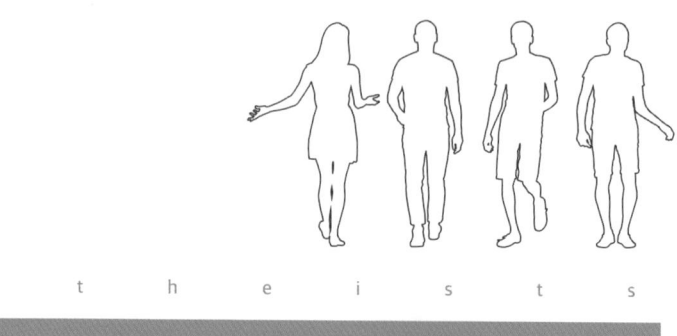

A t h e i s t s

하나님은 우리를 잘 아십니다. 우리 속에 무엇이 담겨 있는지, 우리가 무엇을 좋아하고 무엇을 위해 살고 있는지, 하나님은 잘 아십니다. 하나님은 우리의 부족함도 잘 아십니다. 이러한 우리는 하나님 앞에서 중요한 한 가지 질문을 해야 합니다.

"나는 정말 복음을 위해 살고 있는가?"

우리의 삶에는 정해진 시간이 있습니다. 하나님은 우리를 사용하고 싶어 하십니다. 나 자신뿐만 아니라 상대를 알고 도울 수 있는 사람이 된다면 하나님은 기꺼이 그 사람을 쓰십니다. 현장에는 무수히 다양한 사람이 있습니다. 그들 각각의 영적 상태에 따라 복음을 전할 준비가 필요합니다. 만약 무신론

01 무신론자

자를 만난다면 어떻게 전도하는게 좋을까요?

무신론자는 하나님의 존재, 천사, 사탄, 귀신, 천국과 지옥 등 모든 영적 사실을 부인합니다. 그리고 이들 대부분은 주변의 기독교인에게 많이 실망한 상태입니다. 이런 점을 참고하여 아래와 같은 내용으로 복음을 전하면 좋습니다.

눈에 보이는 것과 눈에 보이지 않는 것

이 세상에는 눈에 보이는 것보다 눈에 보이지 않는 것 가운데 중요한 게 더 많습니다. 공기, 마음, 정신, 사랑, 그리고 영혼 등…. 아마도 당신은 지금까지 눈에 보이는 것 중심으로 살아왔을 것입니다. 어느 날, 건강하던 가정에 문제가 오는 것도 눈에 보이지 않는 중요한 것에 문제가 생겼기 때문입니다. 사람의 건강도 눈에 보이지 않는 것의 영향을 받습니다. 당신은 하나님을 믿지 않고 있습니다. 물론 천국과 지옥도 없다고 생각하시겠죠? 당신의 생각대로라면 아무런 문제가 없겠지만, 만약 그렇지 않다면 당신의 미래는 어떻게 될까요? 당신도 언젠가는 죽음을 맞이하게 됩니다. 죽음은 아무리 노력해도 피할 수 없습니다. 당신은 시계를 가질 수 있어도 시간은 가질 수 없습니다. 마찬가지로 당신의 인생이 지금 당신에게 있는 것 같아도 인생을 살게 만드는 생명은 하나님께 있습니다. 만약 이 말이 틀리다고 생각한다면 당신은 가장 큰 손해를 보는 것입니다. 공기는 눈에 보이지 않지만, 반드시 존재합니다. 이것은 우리가 부정할 수 없는 사실입니다. 아무리 공기가 없다고 말해도 공기가 없어지지 않습니다. 마찬가지로 당신의 생명을 주관하는 분은 하나님이시며, 그분은 살아계십니다.

혹시 귀신들린 사람을 본 적 있습니까? 그런 사람은 귀신

히브리서 9:27

"한번 죽는 것은 사람에게 정해진 것이요
그 후에는 심판이 있으리니"

의 힘으로 쇠사슬도 끊고, 놀라운 괴력을 발산하거나 지나치게 폭력적으로 돌변하기도 합니다. 어떤 사람은 귀신에게 이끌려 수없이 가출을 반복합니다. 이들에게 정신과 치료가 필요하다고 생각하는 사람도 있습니다. 하지만 병원에 가도 약만 처방해줄 뿐 완벽한 치료법이 없습니다. 비슷하면서도 다른 현상으로 괴로운 상태에 놓이는 사람도 있습니다. 바로 신기가 있는 사람입니다. 그들의 집안에는 우환질고憂患疾苦가 끊이지 않습니다. 별다른 증상은 없지만 말할 수 없이 몸이 아픕니다. 그러니 병원에 가도 뚜렷한 병명을 발견하지 못합니다. 이런저런 종교를 찾아가도 답을 얻지 못하다가 결국 귀신을 받는 내림굿을 합니다. 얼마 동안은 신기하게도 몸이 아프지 않고 나은 듯합니다. 날카로운 작두 위에서 춤을 추는 능력이 나타나기도 합니다. 하지만 그때부터 평생 귀신에게 종노릇하며 살게 됩니다. 일반 사람들은 겪을 수 없는 특별한 영적 고통을 겪게 됩니다. 몸이 치료되고 잘 살 수 있을 것 같았지만, 오히려 완전히 망하게 됩니다. 사람들은 이러한 사실도 모르고 귀신들린 사람에게 점을 치러 갑니다. 그런가 하면 눈에 귀신이 보이고 환상, 환청, 악몽, 가위눌림 등 눈에 보이지 않는 영적 고통을 겪고 있는 사람이 많습니다.

성경이 말하는 영적 사실

성경은 눈에 보이지 않는 진짜 중요한 영적 사실을 말씀하고 있습니다. 하나님, 천사, 영혼, 사탄, 귀신, 천국, 지옥 등의 영적 지식을 전해줍니다. 하나님은 사람을 영적 존재로 만드셨습니다. 다른 피조물은 본능대로 살아갑니다. 하지만, 사람은 본능대로 산다고 행복하지 않습니다. 사람은 영이신 하나님과의 영적 교제를 이룰 때 행복하도록 디자인되었습니다. 그래서 사람은 하나님께 예배와 기도를 드릴 때에 영적 평안과 행복을 누립니다. 그런데 사람이 그만 하나님을 떠나고 만 것입니다. 그것을 죄원죄라고 합니다. 성경에는 다음과 같이

기록되어 있습니다.

"모든 사람이 죄를 범하였으매 하나님의 영광에 이르지 못하더니" 로마서 3:23

사람이 죄 때문에 하나님께 나아가지 못하는 것입니다. 하나님 안에서 거룩하게 살아야 할 사람이 하나님을 떠나서 죄 가운데 살게 되었습니다. 세상은 다른 피조물 때문에 문제가 되는 것이 아니라, 만물의 영장인 사람이 타락하여 온통 문제가 일어나게 된 것입니다.

당신은 천국과 지옥도 없으면 좋겠다고 생각할 수 있습니다. 하지만 두 곳은 틀림없이 있습니다. 당신은 어디에 가겠습니까? 지금 상태로는 당연히 지옥에 갈 수밖에 없습니다. 그러나 당신도 지옥에 가지 않고 천국에 갈 수 있는 길이 있습니다. 당신은 현재 매우 중요한 것을 놓치고 있습니다. 당신이 어디에서 와서 어디로 가는지 알고 있습니까? 당신의 영혼은 누가

만들었으며, 어떻게 만들었는지 알고 있습니까? 당신이 죽으면 영혼은 어디로 갈 것 같습니까? 하나님이 없다고 말한 공산주의 사상은 실패로 끝났습니다. 하나님은 죽었다고 말한 니체는 정신병으로 죽었습니다. 만약 하나님이 없다면, 사람들이 바르게 살려고 할까요? 분명히 세상의 범죄는 지금보다 훨씬 더 극심해질 것이며, 세상은 더 타락하게 될 것입니다.

하나님을 만나는 길

하나님을 만나는 길이 있는데 당신은 지금 그것을 모르고 있습니다. 하나님을 만나지 못했기 때문에 하나님이 없다고 생각하는 것은 당연합니다. 지극히 정상입니다. 오히려 하나님을 봤다고 하는 사람이 모자란 사람입니다. 어젯밤에 하나님을 만났다고 하는 사람이 이상한 사람입니다. 하나님은 눈에 보이지 않습니다. '하나님이 정말 계실까?'라고 생각하는 사람이 정상입니다.

아마 당신의 주변에도 기독교인들이 있을 것입니다. 제대로 믿는 사람을 못 만났을 수도 있습니다. 위선적인 신자도 많이 보았을 것입니다. 교회에 열심히 다니는 사람들도 보았을 것입니다. 그러면서 이렇게 생각했을 것입니다. '차라리 안 믿는 게 낫겠다. 믿는 사람이 왜 저래?', '지금 이 상태가 더 낫겠다. 난 저렇게 열심히 못해.'

그런데 당신이 꼭 알아야 할 사실이 있습니다. 위선적인 신자들을 보면서 기독교인은 모두 그럴 것이라 착각해서는 안 된다는 점입니다. 당신이 본받을 만하게 제대로 신앙생활을 하는 사람이 반드시 있습니다. 구원은 교회에 열심히 다닌다고 받는 것이 아닙니다. 교회에 열심히 다니는 것은 그다음 일입니다. 왜 사람들은 행복하지 못할까요? 훌륭한 인물도 많은데 왜 세상은 점점 더 어려워질까요? 이에 대한 답이 복음입니다. 복음을 깨닫고 받아들일 때 구원을 받습니다. 구원받은 사람들의 모임을 교회라고 하며, 교회가 모이는 시설을 교회당이라고 합니다. 교회당에는 아무나 갈 수 있지만, 아무나 교회가 될 수는 없습니다.

사람은 짐승과 달리 영혼을 가진 존재입니다. 그래서 영이신 하나님과 영적 교제를 이루며 살 때 행복합니다. 그런데 어느 날, 사람이 사탄의 유혹을 받고 하나님을 떠나고 말았습니다. 그것을 원죄라고 합니다. 인생의 문제가 여기서부터 출발한 것입니다. 그 결과 고통과 사망이 인생에 들어왔습니다. 그래서 하나님은 구원의 길을 열어주셨습니다. 그리스도는 하나님을 만나는 길, 진리, 생명으로 오셨습니다. 요한복음 14:6

"하나님이 세상을 이처럼 사랑하사 독생자를 주셨으니 이는 그를 믿는 자마다 멸망하지 않고 영생을 얻게 하려 하심이라" 요한복음 3:16

"우리가 아직 죄인 되었을 때에 그리스도께서 우리를 위하여 죽으심으로 하나님께서 우리에 대한 자기의

사랑을 확증하셨느니라" 로마서 5:8

하나님은 당신을 사랑하십니다. 그래서 그리스도를 보내주셨고, 그분을 십자가에 내어주신 것입니다. 그분은 성경대로 우리 죄를 위하여 죽으셨고, 성경대로 사흘 만에 다시 살아나셨습니다. 고린도전서 15:3-4 지금도 이 자리에 성령으로 함께하십니다. 오늘 그분을 영접하면 하나님 자녀가 될 수 있습니다.

"영접하는 자 곧 그 이름을 믿는 자들에게는 하나님
의 자녀가 되는 권세를 주셨으니" 요한복음 1:12

하나님은 분명히 살아계십니다. 그분을 만나지 못한 이유는 그분을 몰랐기 때문입니다. 오늘 당신은 그동안 들어보지 못한 복음을 들으셨습니다. 오늘 복음을 듣고 당신의 마음속에 겨자씨만한 작은 믿음이라도 싹을 틔웠다면 예수님을 영접하십시오. 주님은 지금 당신의 마음 문을 두드리고 계십니다.

"볼지어다 내가 문 밖에 서서 두드리노니 누구든지 내 음성을 듣고 문을 열면 내가 그에게로 들어가 그와 더불어 먹고 그는 나와 더불어 먹으리라" 요한계시록 3:20

지금 마음 문을 열면 됩니다. 예수님은 당신의 죄를 짊어지시고 당신을 대신하여 죽으셨습니다. 그리고 죽음을 이기고 부활하시어 영생의 길을 열어 놓으셨습니다. 지금 당신이 마음으로 이 사실을 믿고, 입으로 예수님을 주님으로 시인하면 구원을 받습니다.

"네가 만일 네 입으로 예수를 주로 시인하며 또 하나님께서 그를 죽은 자 가운데서 살리신 것을 네 마음에 믿으면 구원을 받으리라" 로마서 10:9

지금 이 시간 저와 함께 영접 기도문으로 기도하고 하나님께로 나아가면 됩니다.

"사랑하는 주님! 저는 죄인입니다. 지금까지 하나님을 부인하고 죄 가운데 살았습니다. 제가 어디서 와서 무엇을 하다가 어디로 가는지도 모른 채 살아왔습니다. 이제야 깨달았습니다. 하나님은 살아계시고, 천국과 지옥도 있다는 사실을.

주님! 저를 용서해주시고 구원하여 주옵소서. 예수님이 그리스도이심을 믿습니다. 저를 위해 십자가에 죽으시고, 사흘 만에 부활하신 그리스도이심을 믿습니다. 지금 주님 앞에 저의 마음 문을 활짝 엽니다. 사랑하는 주님! 예수님을 저의 구주로 영접합니다. 지금 제 안에 들어오셔서 저의 주인이 되어 주옵소서. 저의 인생을 주님께 다 맡깁니다. 겨자씨만한 제 믿음이 잘 자라서 주님을 위해 쓰임 받게 하옵소서. 살아계신 예수 그리스도 이름으로 기도합니다. 아멘."

02
상대를 아는 사람

출애굽기 20:4~5 "너를 위하여 새긴 우상을 만들지 말고 또 위로 하늘에 있는 것이나 아래로 땅에 있는 것이나 땅 아래 물 속에 있는 것의 어떤 형상도 만들지 말며 그것들에게 절하지 말며 그것들을 섬기지 말라 나 네 하나님 여호와는 질투하는 하나님인즉 나를 미워하는 자의 죄를 갚되 아버지로부터 아들에게로 삼사 대까지 이르게 하거니와"

우상숭배자

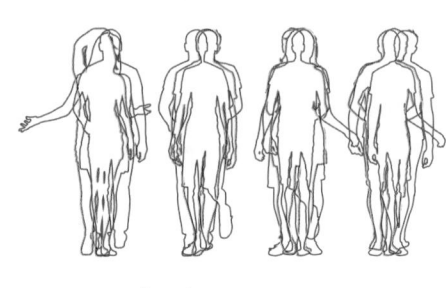

I d o l   W o r s h i p p e r s

배를 여러 척 소유하고 있는 큰 부자를 만난 적이 있습니다. 그에게는 한 가지 큰 고민이 있었습니다. 하루가 멀다 하고 일어나는 선박사고였습니다. 그는 매우 답답한 나머지 점을 보러 갔습니다. 거기서 그는 이상한 말을 들었습니다. 예전에 가족 중 한 명이 물에 빠져 죽어 그 영혼을 건져내는 굿을 해야 한다는 것이었습니다. 그래서 3천만 원을 들여서 큰 굿을 했습니다. 하지만 별다른 변화를 보지 못한 그는 제게 예배를 드려 달라고 요청했습니다. 저는 그 집에 가보고 깜짝 놀랐습니다. 벽에 170만 원짜리 부적과 200만 원짜리 부적이 붙어 있었습니다. 냉장고 냉동칸에는 부적을 코팅해서 넣어 놓고 있었습니다. 저는 그에게 이 문제를 완전히 끝내는 길이신 예수 그리스도를 전했고 그는 예수님을 구주로 영접했습니다.

02
우 상 숭 배 자

이후 몇 년이 지나는 동안, 그에게 많은 변화가 찾아왔습니다. 예전에는 늘 인상을 찌푸리고 다녔던 얼굴이 환하게 바뀌었습니다. 온 동네를 다니면서 만나는 사람들에게 항상 복음을 자랑했습니다. 그의 집안에도 끊임없이 하나님의 역사가 일어났습니다. 또, 집안을 통해 여러 사람이 복음을 듣고 하나님 자녀가 되었습니다.

그는 집사 직분을 받은 이후, 자기 소유의 큰 배에서 한 번 더 예배를 드리자고 했습니다. 예배를 마친 후, 그는 제게 이런 말을 했습니다.

"목사님, 제가 예수님을 믿고 나서 놀란 것 세 가지가 있습니다. 첫째는 복음을 알고 나니 이렇게 좋을 수가 없습니다. 정말 날아갈 것 같습니다. 둘째는 예수 믿는 사람들이 집에 와서 기도해주니 어찌나 감사한지요. 셋째는 굿을 하면 큰 돈을 내야 하는데, 목사님은 이 귀한 말씀을 전해주시고도 돈을 받지 않으시네요! 하하하."

우상숭배자에게 주는 성경의 해답

"다른 신에게 예물을 드리는 자는 괴로움이 더할 것이라 나는 그들이 드리는 피의 전제를 드리지 아니하며 내 입술로 그 이름도 부르지 아니하리로다" 시편 16:4

"그런즉 내 사랑하는 자들아 우상 숭배하는 일을 피하라" 고린도전서 10:14

"그런즉 내가 무엇을 말하느냐 우상의 제물은 무엇이며 우상은 무엇이냐 무릇 이방인이 제사하는 것은 귀신에게 하는 것이요 하나님께 제사하는 것이 아니니 나는 너희가 귀신과 교제하는 자가 되기를 원하지 아니하노라 너희가 주의 잔과 귀신의 잔을 겸하여 마시지 못하고 주의 식탁과 귀신의 식탁에 겸하여 참여하지 못하리라" 고린도전서 10:19~21

"새긴 우상은 그 새겨 만든 자에게 무엇이 유익하겠느냐 부어 만든 우상은 거짓 스승이라 만든 자가 이 말하지 못하는 우상을 의지하니 무엇이 유익하겠느냐" 하박국 2:18

"그들의 우상들은 은과 금이요 사람이 손으로 만든 것이라 입이 있어도 말하지 못하며 눈이 있어도 보지 못하며 귀가 있어도 듣지 못하며 코가 있어도 냄새

맡지 못하며 손이 있어도 만지지 못하며 발이 있어도 걷지 못하며 목구멍이 있어도 작은 소리조차 내지 못하느니라 우상들을 만드는 자들과 그것을 의지하는 자들이 다 그와 같으리로다"시편 115:4~8

"조각한 우상을 의지하며 부어 만든 우상을 향하여 너희는 우리의 신이라 하는 자는 물리침을 받아 크게 수치를 당하리라"이사야 42:17

"우상을 만드는 자는 부끄러움을 당하며 욕을 받아 다 함께 수욕 중에 들어갈 것이로되"이사야 45:16

"우상을 만드는 자는 다 허망하도다 그들이 원하는 것들은 무익한 것이거늘 그것들의 증인들은 보지도 못하며 알지도 못하니 그러므로 수치를 당하리라"이사야 44:9

"그러므로 땅에 있는 지체를 죽이라 곧 음란과 부정과 사욕과 악한 정욕과 탐심이니 탐심은 우상 숭배니라"골로새서 3:5

"자녀들아 너희 자신을 지켜 우상에게서 멀리하라"요한일서 5:21

"너를 위하여 새긴 우상을 만들지 말고 또 위로 하늘에 있는 것이나 아래로 땅에 있는 것이나 땅 아래 물 속에 있는 것의 어떤 형상도 만들지 말며 그것들에게 절하지 말며 그것들을 섬기지 말라 나 네 하나님 여호와는 질투하는 하나님인즉 나를 미워하는 자의 죄를 갚되 아버지로부터 아들에게로 삼사 대까지 이르게 하거니와"출애굽기 20:4~5

이렇게 성경은 우상숭배를 금하라고 경고합니다. 우상숭배로 인해 괴로움과 수치, 수욕, 정신 문제, 삼사 대에 이르는 고통이 임하는 것입니다. 우상숭배를 하며 고통을 받으면서도 빠져나오지 못하는 이들이 왜 그럴 수밖에 없는지 이해하고, 영원한 해방의 길인 복음을 전해야 합니다.

이런 점을 참고하여 아래와 같은 내용으로 복음을 전한다면 도움이 될 것입니다.

고통의 시작

이 고통은 창세기 3장 사건에서 시작되었습니다. 창세기 3:1~10 창세기 3장에 하와를 속여서 타락시킨 뱀이 나옵니다. 그 뱀은 곧 사탄, 마귀악마; Diabolos, 그리스어를 말합니다. 요한계시록 12:9 사탄Satan은 대적자반대자라는 뜻이고, 사탄의 헬라어 역어인 마귀the Devil는 이간자비방자라는 뜻입니다. 사탄마귀은

원래 하나님을 찬양하는 일을 맡은 매우 아름다운 천사장 중의 하나였으나, 교만해진 후 타락한 천사입니다.에스겔 28:13~17, 이사야 14:12~15 그 사탄을 따라 타락한 천사들을 악령, 혹은 귀신, 미혹의 영이라 합니다.

그들은 사람들로 하여금 하나님을 대적하게 하고, 사람들 사이를 이간하여 서로를 헐뜯게 하는 자들입니다. 이러한 흑암 세력은 지금도 하나님을 떠나 죄에 빠진 사람들을 지배하고 있으며,요한복음 8:44 구원받은 하나님 자녀에게는 대적이 됩니다.베드로전서 5:8

사탄은 지금도 이 땅에 있는 모든 것을 동원하여 사람들을 멸망시키고 있습니다. 귀신들을 시켜 사람 속에 들어가 정신을 광란시키며, 벙어리나 소경이 되게 하고, 육신을 눌러서 병들게 합니다. 타락시키고, 갈등에 휩싸여 싸우게 합니다. 자살하게 하며, 각종 재난과 불행을 가져다주기도 합니다.마가복음 5:3~15, 9:17~18, 누가복음 13:16 사람들을 술, 도박, 마약, 성,性 쇼핑, 종교, TV, 인터넷, 관계 등에 중독시키고 있습니다. 또, 문화와 종교 속에도 깊숙이 침투해서 활동하고 있습니다. 그래서 사람들은 완전히 속고 있습니다. 심지어 현대인들의 교회에도 침투하여 교회를 종교화하고 세속주의와 율법주의, 인본주의, 불건전 신비주의, 종교혼합주의, 종교다원주의, 종교통합주의에 빠뜨리고 있습니다.

귀신들린 사람에게는 능력이 나타나기도 합니다. 날카로운 칼날 위에 서서 춤을 추기도 하고, 초능력을 발휘하기도 하며, 다른 사람들의 운명을 알아맞히기도 합니다. 이런 귀신의 술수에 타협하고 귀신의 힘을 빌려 재능에 두각을 나타낸 연기자나 예술가도 많습니다. 그들은 무언가 다른 존재가 찾아와서 자신의 능력 이상의 힘을 발휘하게 했다고 고백합니다. 어떻게 보면 대단한 능력처럼 보입니다. 그러나 이것은 귀신의 힘을 빌리면 가능합니다. 하지만 언젠가는 영적 문제 때문에 철저히 실패하게 됩니다. 예수께서는 다시 오시어 이렇게 만드는 마귀와 귀신들을 영원한 지옥불에 가둘 것입니다.마태복음 25:41

우상숭배로 고통이 찾아오는 이유

사람은 영적 존재입니다. 물고기가 물에 살아야 행복하듯이 사람은 하나님을 만나고 하나님을 섬기며 살 때 행복하도록 창조되었습니다. 하지만 사탄에게 속아서 하나님을 떠난 사람은 영적 문제에 시달리게 됩니다. 영적 문제는 여러 가지 양상으로 나타납니다. 어떤 가정에는 끊임없이 문제가 터집니다. 이상한 사고가 자주 일어나기도 하고, 알 수 없는 병이 대물림되기도 합니다. 심지어 악령에게 사로잡혀서 이리저리 끌려 다니거나 심한 악몽과 가위눌림, 불면증, 환상, 환청에 시달리게 됩니다. 극도의 불안으로 일상생활이 제대로 되지 않는 사람들도 있습니다. 이렇게 사람들은 자신의 힘으로 해결되지 않는 문제와 고통, 불안 속에서 빠져나오려고 몸부림치며 종교를 만들고, 우상을 숭배하는 것입니다. 나무나 돌에 절을 하고, 온갖 사진이나 그림 등의 형상을 만들어 섬기고 있습니다. 그리고 불확실한 미래에 대한 불안함 때문에 귀신 들린 사람

고린도전서 10:20

"무릇 이방인이 제사하는 것은 귀신에게 하는 것이요
하나님께 제사하는 것이 아니니
나는 너희가 귀신과 교제하는 자가 되기를 원하지 아니하노라"

에게 찾아가 점을 치기도 하며 귀신 앞에 음식을 차려놓고 고사를 지내기도 합니다. 어떤 판사는 새 차를 구매하고 사고를 예방하고자 돼지 그림을 그려서 차 안에 붙여놓고 그 앞에 절을 하며 고사를 지냈다고 합니다. 지식인이라도 영적 지식이 없기 때문에 이러한 일을 하는 겁니다.

우상에는 형상 우상과 사상 우상이 있습니다. 하나님이 계셔야 할 마음의 자리에 다른 것이 있으면, 그것이 곧 우상입니다. 탐심도 우상입니다. 사탄은 보이지 않는 탐심의 우상을 통해서도 사람들을 영적 문제 속에 빠뜨리고 있습니다. 탐심은 사람의 마음을 어둡게 만듭니다. 이성을 마비시켜 분별력과 판단력을 흐리게 만듭니다. 마음에 하나님이 없고, 물욕과 명예욕, 권세욕 등 탐심에 사로잡힌 사람들 또한 잘 나가는 듯 보이다가 어느 날 크게 무너지는 것을 볼 수 있습니다. 그것이 바로 사탄의 전략입니다. 일시적 성공으로 유혹을 하나 결국 그 길은 패망의 길인 것입니다.

우상 뒤에는 귀신이 있습니다. 제사를 조상에 대한 예의

처럼 생각하는 사람이 많은데, 그것은 영적 사실을 모르기 때문입니다. 사람들은 조상에게 제사한다고 생각할지 모르지만, 실제는 귀신에게 하는 것입니다.

성경은 효를 적극적으로 권장합니다. 보이는 부모를 공경하지 못하는 자는 보이지 않는 하나님을 제대로 섬길 수 없습니다. 우리는 부모님이 살아계실 때 잘 공경해야 합니다. 돌아가신 후에는 더 효도할 수가 없기 때문입니다. 하지만 사람들은 부모님이 살아계실 때는 제대로 공경하지 못하고, 돌아가신 후 제사를 통해 효도하려고 한다는데 큰 문제점이 있습니다. 게다가 더 큰 문제가 있습니다. 제사는 조상과의 교제가 아니라 귀신과의 교제라는 것입니다.고린도전서 10:20

사람이 죽으면 그 영혼이 귀신이 되는 것이 아닙니다. 천국과 지옥으로 가는 것입니다. 후손이 제사를 지낼 때 조상님이 찾아오는 것이 아니라 조상을 가장한 귀신이 찾아오는 것입니다.

귀신들은 어디에서 오는 것일까?

귀신은 사탄을 따라 하늘에서 떨어진 천사들입니다.요한계시록 12:7~9 즉, 타락한 천사들입니다. 성경은 사탄과 귀신의 종말은 영원한 불, 즉 지옥이라고 밝히고 있습니다.마태복음 25:41 귀신은 인생을 미혹하여 멸망으로 이끌어가는 악령입니다. 우상숭배는 곧 귀신숭배이기 때문에, 우상을 숭배하는 사람들은 지옥 같은 삶을 살다가 귀신과 함께 영원한 지옥에 떨어지는 것입니다. 그뿐만 아니라, 후손에게 재앙을 대물림하게 됩니다.

사람은 하나님을 섬길 때 행복한 존재입니다. 사람은 하나님께 예배를 드리고, 기도로 하나님과 소통을 이루고, 하나님의 뜻을 따라 자신의 미션을 이루며 살아갈 때, 진정한 행복을 누리게 됩니다. 하지만 하나님을 떠난 사람은 그 누구도 영적 문제를 피하지 못합니다. 마음의 공허함과 불안함에 흔들리는 인생이 됩니다. 오직 그리스도만이 끊임없이 멸망의 길로 가게 만드는 흑암 권세에서 당신을 구원할 수 있습니다.

귀신의 정체

귀신은 분명히 존재합니다. 사람이 죽어서 귀신이 되는 것이 아닙니다. 사람은 죽고 나면 그 영혼이 천국이나 지옥으로 가고 맙니다. 성경에 보면 귀신에 대해 잘 나와 있습니다.요한계시록 12:7~9, 이사야 14:11~15, 에스겔 28:13~17 하늘에서 타락한 천사들이 귀신이 된 것입니다. 그 타락한 천사들의 우두머리가 사탄마귀이며, 그 졸개들이 귀신악령입니다.

귀신은 그 지역의 문화에 따라 속임수를 발휘합니다. 조상숭배를 많이 하는 문화권에는 죽은 조상의 모습으로 위장합니다. 동물숭배를 많이 하는 문화권에는 동물의 모습으로 위장하여 속입니다. 또한 지식을 우상시하는 문화권에는 철학이나 과학을 동원하여 사람이 신이 될 수 있다고 속입니다. 귀신은 속이는 일이 전문이기 때문에 마치 '부모'와 같은 모양을 하고 나타나 속이기도 합니다. 그런데 그것은 부모가 아니라 흉내를 내는 것일 뿐입니다. 제사나 고사를 하게 만드는 것, 인간에게서 섬김을 받으려고 하는 것입니다. 죽은 사람은 절대 이 세상에 오지 못합니다.

복은 오직 하나님이 우리에게 주시는 것입니다. 귀신은 결코 복을 주는 존재가 아닙니다. 귀신은 날이 갈수록 어려움을 가져다줍니다. 잠시 복을 주는 것처럼 보이지만 결국은 철저하게 실패시킵니다. 어떤 분은 무속인이 되어 잠시 큰 돈을 벌기도 하지만, 사고나 질병 등으로 모든 돈을 탕진하게 됩니다. 결국 본인도 귀신에게 버림받고 비참한 최후를 맞이합니다. 이러한 영적 문제를 대체 누가 이해할 수 있을까요? 가족도, 친구도, 애인도 결코 도와주지 못합니다. 더욱이 의학, 과학으로는 이해할 수 없는 부분이기 때문에 아무도 도와주지 못하고 평생을 고난 속에서 살아야 하며, 죽을 때까지 그 귀신에게 얽매여 살아야 합니다.

더 심각한 것이 있습니다. 예를 들어 어떤 무속인이 있다고 합시다. 그는 오랜 시간 귀신을 자신의 신으로 섬기며 우상숭배를 했을 것입니다. 만약 이 상황을 그대로 둔다면, 결국 무속인의 자녀들도 무속인이 되어 평생, 이 고통을 당해야 합니다. 아무리 몸부림을 쳐도 결국에는 무속인이 되고 맙니다. 무속인이 되지 않는다고 해도 그와 비슷한 고통을 당하게 됩니다. 학교에 다녀도, 직장생활을 해도, 결혼을 해도, 결국은 그 문제에 시달리며, 외국으로 간다고 해도 문제는 해결되지 않고 반복됩니다. 삼사 대로 재앙을 받게 됩니다.출애굽기 20:4~5 자신뿐만 아니라 가족들까지 귀신에게 항상 괴로움을 당하게 됩니다.마가복음 5:1~10, 사도행전 16:16~18 시간이 가면 갈수록 고난이 점점 더 많이 쌓이게 됩니다.마태복음 12:43~45 원래 '귀신'이란 '더러운 것'이란 뜻을 갖고 있습니다. 그래서 그 이름처럼 더러운 병, 더러운 생각, 더러운 행동을 하게 만듭니다.

가문이 가진 오래된 문제의 결과

우상숭배를 하는 가문의 오래된 영적 문제로 인해 귀신을 받아 무속인이 되는 이들도 있습니다. 그 과정에는 많은 고통이 따릅니다. 대다수의 무속인은 그 길을 피하려고 몸부림치다가 어쩔 수 없이 됩니다. 그들은 자신의 신분을 운명으로 받아들이고 있습니다. 피할 길이 없다고 생각하기 때문입니다. 무병巫病 혹은 신병神病을 앓고 무당이 된 강신무나 혈통으로 내려오는 운명을 받아들인 세습무 등이 있습니다. 그러나 무당이 되고 싶어서 된 사람은 아마도 없을 것입니다. 물론 최근에는 배워서 무당이 되는 학습무도 많다고 합니다.

 무속인의 삶은 참으로 외롭고 고독합니다. 일평생 몸주主로 섬기는 귀신이 시키는 대로 살아야 합니다. 귀신은 복을 주는 듯 속이지만, 결국은 그들의 삶을 점점 더 피폐하게 만들어 갑니다. 가정생활도 정상적으로 할 수 없습니다. 무속인의 가족들 개개인에게도 영적 문제와 정신 문제, 그리고 사건, 사고,

질병 등 온갖 육신 문제가 끊이지 않고 계속됩니다. 이런 재앙은 결코 굿으로도 해결되지 않고, 영원히 머물며 자녀와 후손에게까지 영향을 미치게 됩니다. 또, 가족 중 누군가가 정신병원에 입원하게 되는 등 해결할 수 없는 고통이 속속 생겨납니다. 게다가 제사를 지낼 때 혹은 굿을 할 때 주문을 통해 나타나는 귀신들은 주로 부모나 가족으로 변장하고 나타나 혼란스럽게 만듭니다.

귀신은 속이는 영이기 때문에, 일평생 무속인과 그 가족들을 괴롭히고 멸망으로 끌고 갑니다. 가족들의 고통은 이루 형언하기 힘들 정도입니다. 무속인의 최후는 참으로 비참합니다. 귀신은 무속인을 이용할 대로 이용한 후 헌신짝처럼 버리고 형제나 자녀 등 다른 사람의 몸으로 옮겨갑니다.

영원히 치유 받는 길

성경에는 이러한 영적·정신적 병의 원인에 대해 분명하게 밝히고 있습니다. 이는 모두 인간을 악한 길로 인도하려는 '마귀'의 장난입니다. 이를 해결하려면 마귀귀신를 이기는 방법을 알아야 합니다. 저주에서 해방되며 마귀를 이기는 길, 그것은 바로 하나님 자녀가 되는 것입니다. 물론 무속인들 가운데도 교회를 나가보았지만 아무런 변화를 체험하지 못한 사람도 있을 것입니다. 또, 교회 다니는 사람을 만나보았지만 아무런 해답을 얻지 못했을 수도 있습니다. 그 이유는 둘 중의 하나입니다. 그때는 복음을 알아듣지 못하는 영적 상태였거나 정확한 복음으로 답을 주는 사람을 못 만났기 때문입니다.

그러나 오늘 분명한 답을 얻게 될 것입니다. 그 고통에서 빠져나오는 길은 오직 하나밖에 없습니다. 그 길은 예수 그리스도를 믿는 것입니다. 하나님 자녀가 되려면 '예수 그리스도'를 내 마음의 주인으로 모셔야 합니다. 예수님이 그리스도입니다. 그리스도의 뜻은 '기름부음을 받은 자'입니다. 구약시대에 기름부음을 받은 직분은 세 가지가 있습니다. 백성을 통치하는 왕, 백성을 대신하여 하나님께 제사를 드리는 제사장, 하나님의 말씀을 전달하는 선지자입니다. 수많은 왕, 제사장, 선지자가 있었지만, 그들은 사람의 근본 문제를 해결하지 못했습니다. 그들도 죄인이었기 때문입니다. 그래서 구약의 모든 예언대로 그리스도가 오셨습니다. 그분은 죄 없는 몸으로 오셨습니다. 그리고 죄 많은 사람을 위해서 자신을 대속물로 십자가에 내어주셨습니다. 게다가 장사 지낸 지 사흘 만에 사망의 권세를 폐하시고 부활하셨습니다. 그분이 바로 사탄을 결박하시고 우리를 죄와 사망의 권세에서 해방하신 예수 그리스도이십니다. 그분은 성령으로 기름부음을 받으셨고, 그분을 믿는 사람들에게 지금도 성령의 기름을 부어주십니다. 그래서 지금도 예수 그리스도 이름으로 명하면 사탄과 귀신들은 벌벌 떨며 도망갑니다.

지금 당신도 예수를 그리스도로 믿고 주님으로 영접하면 하나님 자녀가 됩니다. 영접하는 자 곧 그 이름을 믿는 자들에게는 하나님 자녀가 되는 권세를 주셨습니다.요한복음 1:12 지금 당신의 입으로 예수를 주로 시인하고, 또 하나님이 그를 죽은 자 가운데서 살리신 것을 마음으로 믿으면 구원을 받습니다.로마서 10:9~10 예수님은 지금도 당신의 마음 문 밖에 서서 두드리며 기다리고 계십니다.

"볼지어다 내가 문 밖에 서서 두드리노니 누구든지
내 음성을 듣고 문을 열면 내가 그에게로 들어가 그

와 더불어 먹고 그는 나와 더불어 먹으리라" 요한계시록 3:20

저와 함께 영접 기도문으로 기도하고 하나님께로 나아가면 됩니다.

"사랑하는 예수님! 나는 죄인입니다. 지금까지 하나님을 떠나서 귀신의 종이 되어 우상을 숭배하며 죄 가운데 살아왔습니다. 인생이 어디서 와서 무엇을 하다가 어디로 가는지도 알지 못한 채, 거짓의 영에 이끌리어 속고 살아왔습니다. 지금 나를 이 더러운 귀신들로부터 해방시켜 주옵소서. 예수님은 나의 모든 죄를 십자가에서 다 끝내신 참 제사장이시며, 사망을 폐하시고 부활하시어 구원의 길을 열어주신 참 선지자이시며, 사탄을 결박하신 참 왕이심을 믿습니다. 지금 나의 마음 문을 열고 예수님을 나의 구주, 나의 하나님으로 영접합니다. 사랑하는 주님! 지금 내 안에 들어오셔서 나의 평생 주인이 되어

주옵소서. 나의 모든 삶을 다스려주옵소서.

나사렛 예수 그리스도 이름으로 명하노니, 나를 괴롭혀 온 더러운 귀신들아 지금 이 시간 내게서 영원히 떠나갈지어다. 그리고 다시는 들어오지 말지어다.

내 안에 오신 예수님! 감사합니다. 이제부터는 오직 예수님만을 주님으로 섬기고 살겠습니다. 주님! 나의 손을 굳게 붙드시고 일평생 동행하여 주옵소서. 날 구원해주신 예수 그리스도 이름으로 기도합니다. 아멘."

이제 자녀를 살려야 합니다. 자녀들을 교회로 인도하여

예수 그리스도의 비밀을 깨닫게 해주어야 합니다. 그것만이 자녀를 살리는 길입니다.

뿐만 아니라 우상숭배로 인해 오래된 상처와 깊이 각인된 나쁜 생각들을 바꾸어야 합니다. 오직 하나님의 말씀으로만 가능합니다. 사역자와 가족이 연합하여 지속적으로 하나님의 말씀을 가르치고, 기도를 할 수 있게 도울 것입니다. 매일 정시 기도로 성령 충만함을 받고, 24시간 모든 생각을 기도로 누리며, 예수 그리스도 이름으로 흑암 세력을 물리치는 권세 기도를 사용하면 승리하게 됩니다. 지금까지 우상숭배를 하며 귀신에게 시달렸더라도 예수 그리스도를 굳게 붙잡고 예수 그리스도 이름을 의지하여 귀신을 대적하면 오히려 그 누구보다도 사실적으로 예수 그리스도를 누릴 수 있습니다.

처음에는 말씀에 잘 집중하지 못할 수도 있습니다. 하지만 지속하여 말씀을 심으면 어느 날, 말씀을 알아듣는 때가 찾아옵니다. 그때를 기다리며 포기하지 말고 지속적으로 말씀을 심으시기 바랍니다. 주님이 분명히 역사하실 것입니다.

03
상대를 아는 사람

출애굽기 15:26 "이르시되 너희가 너희 하나님 나 여호와의 말을 들어 순종하고 내가 보기에 의를 행하며 내 계명에 귀를 기울이며 내 모든 규례를 지키면 내가 애굽 사람에게 내린 모든 질병 중 하나도 너희에게 내리지 아니하리니 나는 너희를 치료하는 여호와임이라"

환자

People With Illnesses

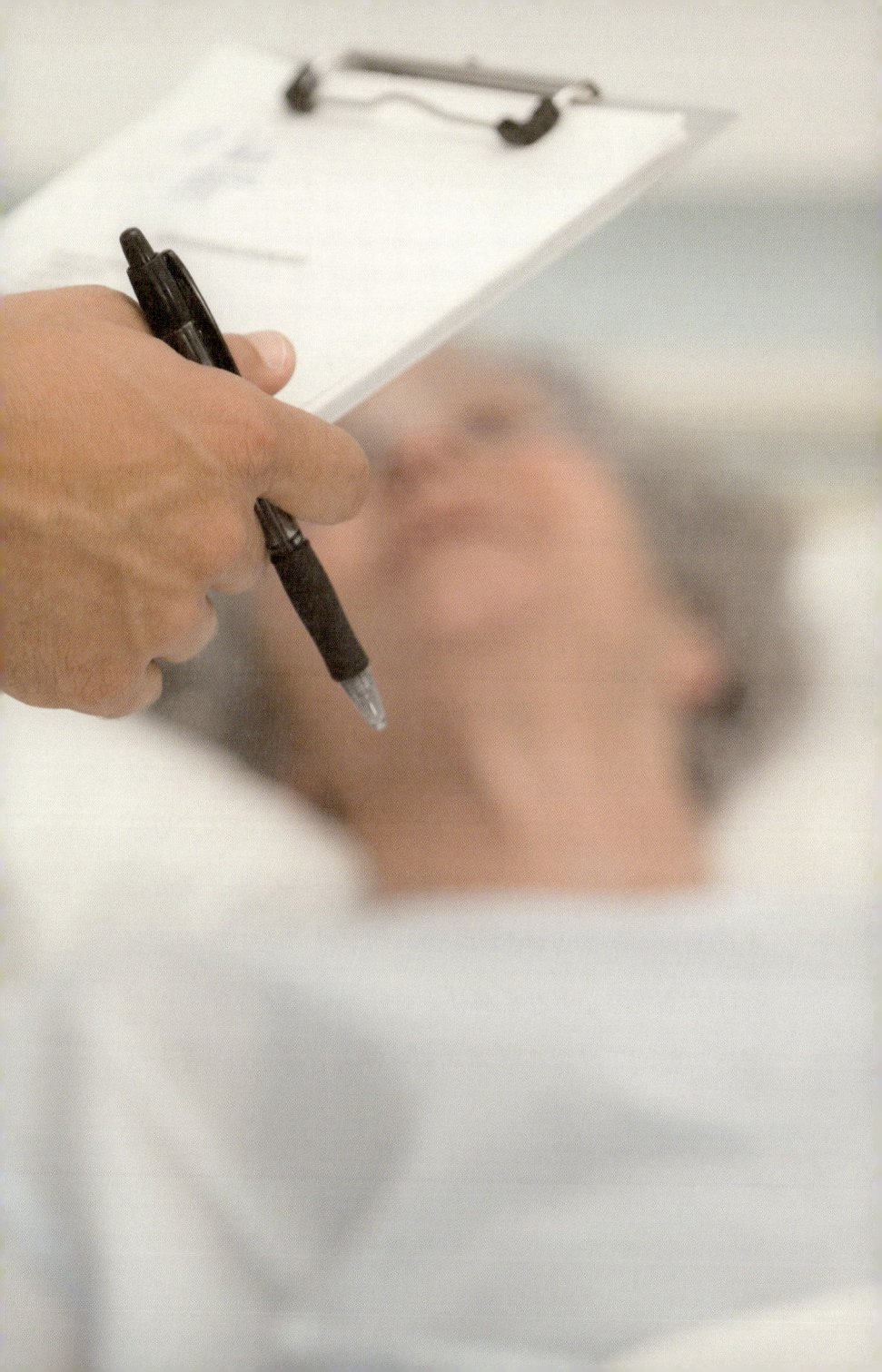

모든 질병은 영적 치유가 우선되어야 동시에 육신 치료도 함께 이루어집니다. 먼저 주님을 향하여 우리 마음의 문이 열려야 주님이 우리 마음 가운데 거하시며, 비로소 그때 영적 치유가 시작되는 것입니다.

질병과 싸워 이긴 한 신앙인이 있었습니다. 그에게는 치사율이 90%가 넘는다는 병이 있었습니다. 백혈병으로 진전되어 가고 있지만 백혈병은 아닌 병이었습니다. 치료약도 없어서 죽을 날만 기다려야 한다는 그 병의 유일한 치료법은 골수이식이었습니다. 하지만 타인과의 골수가 맞을 확률은 20,000:1로 아주 희박했습니다. 그는 아무런 기대도 할 수 없었습니다. 희망이 없었기에 세상을 향한 분노도 컸습니다. 세상에는 악한 사람이 많은데 왜 하필이면 자신에게만 이런 불행

03 환자

이 겹쳤는지 이해할 수 없었습니다. 그러나 어느 날 가게 된 교회에서 그는 희망을 찾았습니다. 하나님은 그가 고통 가운데 눈물 흘리는 모습을 바라보고 계셨던 것입니다. 그는 몇 년이 지난 지금도 살아있습니다. 그는 환자들에게 복음을 전하며 기도하는 것으로 지금껏 살려주신 하나님의 사랑에 보답하고 있습니다.

세상에는 아무런 희망도 없이 수많은 고통 가운데 살아가는 사람들이 있습니다. 하나님은 지금도 각 사람에게 찾아가셔서 마음의 문을 두드리고 계십니다. 그분은 문을 열어줄 때까지 두드리시며 애타게 기다리고 계십니다. 우리 인생을 책임지시는 분은 우리의 창조주 하나님이십니다. 예수님의 치유 사역은 아직까지 계속되고 있습니다. 지금도 예수 그리스도 이름으로 수많은 사람이 치유되고 있습니다. 그분은 살아계신 하나님이시기 때문입니다.

성경에는 수많은 치유의 기적이 있습니다. 하지만, 오늘날도 그 기적이 일어난다고 믿는 사람은 많지 않습니다. 그것은 성경에만 있는 기적이라고 생각하기 때문입니다. 그러나 믿음의 사람들은 지금도 치유의 기적을 경험하고 있습니다. 치유의 약속을 믿음으로 붙잡은 사람들에게는 그 약속이 실현됩니다. 아래와 같은 내용으로 복음을 전한다면 도움이 될 것입니다.

치유의 약속

성경에는 몇 가지 치유의 약속이 있습니다. 주님은 우리가 주님의 말씀을 그대로 믿을 때 기뻐하십니다. 다음 약속의 말씀을 마음 깊이 새기고 간구해보십시오. 놀라운 일이 일어날 것입니다.

"이르시되 너희가 너희 하나님 나 여호와의 말을 들어 순종하고 내가 보기에 의를 행하며 내 계명에 귀를 기울이며 내 모든 규례를 지키면 내가 애굽 사람에게 내린 모든 질병 중 하나도 너희에게 내리지 아니하리니 나는 너희를 치료하는 여호와임이라" 출애굽기 15:26

"너는 마음을 다하여 여호와를 신뢰하고 네 명철을 의지하지 말라 너는 범사에 그를 인정하라 그리하면 네 길을 지도하시리라 스스로 지혜롭게 여기지 말지어다 여호와를 경외하며 악을 떠날지어다 이것이 네 몸에 양약이 되어 네 골수를 윤택하게 하리라" 잠언 3:5~8

"마음의 즐거움은 양약이라도 심령의 근심은 뼈를 마르게 하느니라"잠언 17:22

"그리하면 네 빛이 새벽 같이 비칠 것이며 네 치유가 급속할 것이며 네 공의가 네 앞에 행하고 여호와의 영광이 네 뒤에 호위하리니 네가 부를 때에는 나 여호와가 응답하겠고 네가 부르짖을 때에는 내가 여기 있다 하리라…"이사야 58:8-9

"내 이름을 경외하는 너희에게는 공의로운 해가 떠올라서 치료하는 광선을 비추리니 너희가 나가서 외양간에서 나온 송아지 같이 뛰리라"말라기 4:2

"예수께서 가까이 서서 열병을 꾸짖으신대 병이 떠나고 여자가 곧 일어나 그들에게 수종드니라 해 질 무렵에 사람들이 온갖 병자들을 데리고 나아오매 예수께서 일일이 그 위에 손을 얹으사 고치시니 여러 사람에게서 귀신들이 나가며 소리 질러 이르되 당신은 하나님의 아들이니이다…"누가복음 4:39~41

"올 때에 귀신이 그를 거꾸러뜨리고 심한 경련을 일으키게 하는지라 예수께서 더러운 귀신을 꾸짖으시고 아이를 낫게 하사 그 아버지에게 도로 주시니 사람들이 다 하나님의 위엄에 놀라니라"누가복음 9:42~43

"그러므로 너희 죄를 서로 고백하며 병이 낫기를 위하여 서로 기도하라 의인의 간구는 역사하는 힘이 큼이니라"야고보서 5:16

창세기 3:16~19

"또 여자에게 이르시되 내가 네게 임신하는 고통을 크게 더하리니
네가 수고하고 자식을 낳을 것이며
너는 남편을 원하고 남편은 너를 다스릴 것이니라 하시고
아담에게 이르시되 네가 네 아내의 말을 듣고
내가 네게 먹지 말라 한 나무의 열매를 먹었은즉
땅은 너로 말미암아 저주를 받고 너는 네 평생에 수고하여야 그 소산을 먹으리라
땅이 네게 가시덤불과 엉겅퀴를 낼 것이라 네가 먹을 것은 밭의 채소인즉
네가 흙으로 돌아갈 때까지 얼굴에 땀을 흘려야 먹을 것을 먹으리니
네가 그것에서 취함을 입었음이라 너는 흙이니 흙으로 돌아갈 것이니라 하시니라"

질병의 시작과 원인

하나님은 사람을 건강한 존재로 창조하셨습니다. 하나님은 아름다운 가정을 이루어주시고, 모든 것이 풍요로운 환경도 주셨습니다. 아담은 그 모든 것을 잘 관리하고 다스리는 책임이 있었습니다.

하지만, 아담은 죄원죄를 짓고 하나님을 떠나면서 그 모든 복을 다 잃어버렸습니다. 가정에는 불화가 싹트고, 땅은 엉겅퀴와 가시덤불을 내기 시작했습니다. 안식이 없고 이마에 땀이 흘러야만 겨우 먹고 살 수 있게 되었습니다. 그리고 마침내 병들어 죽어 흙으로 돌아가게 되었습니다.

이렇게 성경은 사람이 하나님을 떠나면서 이 땅에 질병이 시작되었음을 말씀하고 있습니다. 창세기 3:16~19

질병의 원인 5가지

첫째, 생리적 원인을 들 수 있습니다. 사람은 누구든지 과로하면 병에 걸릴 수밖에 없습니다. 그리고 나이가 들면서 노화로 인한 질병이 생겨납니다.

둘째, 평소 건강관리를 잘못한 실수로 인해 온 병이 있습니다. 사고로 인한 충격이나, 상처, 실족한 마음, 음주, 흡연 등으로 인해 병에 걸리기도 합니다.

셋째, 하나님의 뜻이 있는 병이 있습니다. 사도 바울은 영적으로 깊은 체험을 한 그리스도인이었습니다. 그의 기도로 병든 사람들이 낫는 역사도 일어났습니다. 그러나 정작 자신에게 있는 질병은 고치지 못했습니다. 그는 이렇게 고백했습니다.

"여러 계시를 받은 것이 지극히 크므로 너무 자만하지 않게 하시려고 내 육체에 가시 곧 사탄의 사자를

주셨으니 이는 나를 쳐서 너무 자만하지 않게 하려 하심이라"고린도후서 12:7

그는 그 질병이 떠나가게 하기 위하여 세번이나 주님께 간구했습니다. 그러나 주님은 그의 병을 고쳐주지 않으셨습니다. 그럼에도 불구하고 사도 바울은 그 병에 매이지 않았습니다. 오히려 믿음으로 그 병을 넘어섰습니다. 오히려 자신의 약함을 자랑했습니다. 그래서 그는 이렇게 고백했습니다.

"나에게 이르시기를 내 은혜가 네게 족하도다 이는 내 능력이 약한 데서 온전하여짐이라 하신지라 그러므로 도리어 크게 기뻐함으로 나의 여러 약한 것들에 대하여 자랑하리니 이는 그리스도의 능력이 내게 머물게 하려 함이라 그러므로 내가 그리스도를 위하여 약한 것들과 능욕과 궁핍과 박해와 곤고를 기뻐하노니 이는 내가 약한 그 때에 강함이라"고린도후서 12:9~10

그렇습니다. 그리스도의 은혜가 충분한 사도 바울을 그 어떤 것도 얽어맬 수 없었던 것입니다. 오히려 자신을 겸손하게 만드신 은혜를 감사하고, 그리스도의 능력으로 채우게 되는 자신의 여러 약한 것을 자랑했습니다. 그에게 있어서 약함은 곧 강함이었습니다. 그는 약한 그때가 오히려 강했습니다.

넷째, 죄로 인한 병이 있습니다. 모든 사람은 원죄를 갖고 태어납니다. 원죄는 인류의 조상인 아담이 하나님의 말씀에 불순종하여 하나님을 떠난 죄를 말합니다. 원죄로 말미암아 인류의 삶에는 고통과 질병, 죽음이 들어왔습니다. 창세기 3:16~19 조상의 죄로 인해 후대에게 질병이 생기는 경우도 있습니다. 우리아의 아내가 다윗에게 낳은 아이를 하나님은 병들어 죽게 했습니다. 사무엘하 12:15~23 특히 하나님은 우상숭배를 싫어하십니다. 우상을 숭배하는 경우에 삼사 대까지 그 죄를 갚겠다고 말씀하셨습니다. 조상이 우상숭배를 하는 경우에는 보통 후대에게 의술로는 고치기 힘든 불치병, 난치병, 정신병 등이 발병하며, 저주와 재앙이 끊이지 않습니다. 또한 자범

죄스스로 범한 죄로 인한 병도 있습니다. 게하시는 물질을 탐하여 범한 죄로 인해 나병문둥병에 걸렸습니다.열왕기하 5:27 여호람 왕은 우상숭배한 죄로 인해 창자에 중병이 생겨서 죽었습니다.역대하 21:11~20 음행으로 인해 병에 걸려 육신이 멸하는 사람도 있습니다.고린도전서 5:1~5 이러한 질병들은 예수님을 믿고 죄로부터 해방을 받을 때 치유되는 역사가 일어납니다.

다섯째, 마귀귀신가 가져다주는 병도 있습니다. 이 병은 영적 문제에서 오는 것으로서 병명이 불분명하거나, 원인도 모르게 머리가 아프고, 머리에서 소리가 나는 경우도 있습니다. 귀신은 정신을 사로잡거나 마음을 틈타서 넘어뜨리기도 합니다. 심각한 우울증에 빠져 자살하는 사람도 있으며, 정상적으로 대인관계가 안 되는 사람도 있습니다. 육신을 직접 공격하기도 합니다. 어떤 집에는 온 가족이 대대로 질병에 시달리는 경우도 있습니다. 이것은 영적 문제가 분명합니다. 환경을 조장하여 분쟁에 휩싸이게도 합니다. 가문에 가정불화나 형제불화가 끊이지 않는 것은 반드시 이간의 영이 역사하는 것입니다. 귀신들리면 쇠사슬을 끊고 고랑을 깨뜨리는 괴력을 발휘하는 사람도 있습니다.마가복음 5:1~15 귀신은 분을 품은 사람의 마음을 틈타서 화병에 걸리게 하거나, 다른 사람을 해치도록 유도하기도 합니다.에베소서 4:25~27 귀신은 종기가 생기게도 하고,욥기 2:7 벙어리가 되게도 하고,마가복음 9:17 꼬부라져 마르게 하기도 하며,누가복음 13:10~11 평생을 얽어매기도 합니다.누가복음 13:16 사탄은 황폐하고 분쟁하는 환경 가운데 역사합니다.마태복음 12:25~28 이것은 병원에 가도 병명이 나오지 않습니다. 내림굿으로 귀신을 받으면 잠시 낫는 것 같으나, 평생 귀신의 노예로 괴로운 인생을 살게 됩니다. 이것은 반드시 영적으로 치유해야 합니다. 예수 그리스도를 믿고 귀신을 쫓아내고, 꾸준히 하나님의 말씀을 뿌리내리며, 기도를 누릴 때 성령의 역사하심으로 치유됩니다.

성경적 치유의 방법

병을 고치는데도 순서가 있습니다. 첫째, 예수 그리스도를 믿고 영접하여 구원을 받아야 합니다. 하나님 자녀가 될 때 기도할 자격이 주어지며, 하나님의 은총을 받을 수 있습니다.

저와 함께 영접 기도문으로 기도하고 하나님께로 나아가면 됩니다.

"사랑하는 예수님! 나는 죄인입니다. 지금까지 하나님을 떠나서 우상을 숭배하며 죄 가운데 살아왔습니다. 인생이 어디서 와서 무엇을 하다가 어디로 가는지도 알지 못한 채, 거짓의 영에 이끌리어 속고 살아왔습니다. 예수님은 나의 모든 죄를 십자가에서 다 끝내신 참 제사장이시며, 사망을 폐하시고 부활하시어 구원의 길을 열어주신 참 선지자이시며, 사탄을 결박하신 참 왕이심을 믿습니다. 지금 마음 문을 열고 예수님을 나의 구주, 나의 하나님으로 영접합니다. 사랑하는 주님! 지금 내 안에 들어오셔서 나의 평생 주인이 되어주옵소서. 나의 모든 삶을 다스려 주옵소서.

나사렛 예수 그리스도 이름으로 명하노니, 질병으로 나를 괴롭히는 더러운 흑암 권세는 지금 이 시간 내게서 영원히 떠나갈지어다. 그리고 다시는 들어오지 말지어다.

내 안에 오신 예수님! 감사합니다. 이제부터는 오직 예수님만을 주님으로 섬기고 살겠습니다. 주님! 나의 손을 굳게 붙드시고 일평생 동행하여 주옵소서. 날 구원해주신 예수 그리스도 이름으로 기도합니다. 아멘."

둘째, 환경을 고쳐야 합니다. 이제 하나님 자녀로서 눈에 보이는 모든 우상을 버리고, 마음에 두었던 우상도 제거해야 합니다.

셋째, 마음의 병을 치유해야 합니다. 하나님의 주권을 인정하고, 모든 사람을 용서하며 모든 일에 감사하는 마음을 가져야 합니다. 그리고 마음에 있는 모든 염려, 근심, 불신앙을 버려야 합니다.

넷째, 생각을 바꾸어야 합니다. 꾸준히 하나님의 말씀을 통해 틀린 생각을 복음적 생각으로 바꾸어야 합니다. 모든 것을 보는 관점이 그리스도의 눈으로 바뀌고, 모든 것을 듣는 귀도 복음적 해석으로 이어져야 합니다. 그러면 모든 것 속에서 답을 찾게 됩니다. 매순간 하나님의 음성을 듣게 됩니다.

끝으로 하나님의 말씀을 계속 묵상하고 기도를 누리면서 육신 치료를 병행하면 됩니다. 구원의 은혜에 대한 감사와 말씀의 은혜에 감동하며, 늘 기뻐하며 기도를 누리면 우리 몸에는 치료하는 호르몬이 발생하여 온 몸 구석구석을 치료합니다. 이와 함께 좋은 음식과 운동도 병행하면 좋습니다. 그러다 보면 당신은 하나님의 은혜로 질병과의 싸움에서 승리할 수 있습니다.

04
상대를 아는 사람

요한복음 3:16 "하나님이 세상을 이처럼 사랑하사 독생자를 주셨으니 이는 그를 믿는 자마다 멸망하지 않고 영생을 얻게 하려 하심이라"

확신 없는 사람

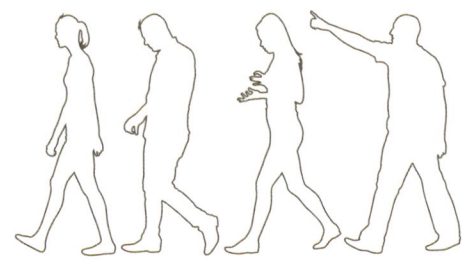

People Who Lack Assurance

알프레드 화이트헤드*Alfred North Whitehead, 1861~1947* 교수는 영국의 위대한 철학자이자 수학자입니다. 철학자 버트런드 러셀*Bertran Russell, 1872~1970*의 스승이며 러셀과 함께 여러 책을 저술한 저자이기도 합니다. 그는 교육가의 집안에서 태어났습니다. 집안은 대대로 기독교를 믿어오던 가문이었습니다. 그러던 어느 날, 젊은 시절 내내 철학과 수학에 심취해오던 그가 신앙에 대해 깊은 회의감에 빠지게 되었습니다. 급기야는 대대로 이어오던 신앙을 버리고 교회와도 담을 쌓고 살아갔습니다.

인생의 황혼기에 접어든 화이트헤드가 외출중에 자신의 거주 지역에 엄청난 폭설이 내렸다는 소식을 들었습니다. 그는 서둘러서 집으로 돌아갔습니다. 그런데 어디선가 가냘픈

04
확신 없는 사람

노랫소리가 들렸습니다. 눈구덩이에 빠져 있는 늙은 할머니가 부르는 노래였습니다. 그는 서둘러 눈구덩이에서 할머니를 건져 주었습니다. 할머니는 화이트헤드에게 정말 고맙다는 인사를 거듭하면서 물었습니다.

"내게 이런 큰 은혜를 베풀어주셨으니 당신은 분명 신앙심이 깊은 분이겠지요. 어느 교회에 출석하고 계십니까?"

화이트헤드는 약간 겸연쩍은 듯 머리를 긁적이며 대답했습니다.

"아뇨, 저는 교회에 다니지 않습니다. 신앙심도 없고요."

그러자 할머니는 의외라는 듯이 말했습니다.

"아니, 다 늙은 사람이 어쩌자고 아직도 예수님을 믿지 않는단 말이오! 그러다가 나처럼 뜻밖의 사고를 당하면 어떻게 하려고 그러시오? 나는 저 눈구덩이 속에서 죽을 것으로 생각하고 계속 열심히 찬송가를 부르고 있었다오."

그 말을 듣는 순간 그는 충격을 받았습니다. 그리고 생각했습니다.

'도대체 무엇이 저 할머니로 하여금 저토록 두려운 죽음 앞에서 큰 확신을 하고 찬송을 부르게 하는가? 내가 탐구하고 있는 철학이나 수학, 아니 어느 학문이라도 저 할머니가 가진 저런 확신을 줄 수 없지 않은가?'

그때부터 그는 자기가 탐구해 온 학문에 관해 회의감이 들기 시작했습니다. 젊어서는 신앙에 관해 회의감을 가졌으나, 늙어서는 그토록 자신만만해 하던 학문에 관해 회의감을 느끼게 된 것입니다. 그는 버렸던 신앙을 다시 찾고자 교회에 출석하게 되었고, 잃었던 확신까지 찾게 되었습니다.

    교회를 다니지만, 확신 없이 신앙생활을 하는 사람이 얼마나 많은지 모릅니다. 교회를 다니면서도 하나님이 믿어지지 않으니 믿는 척하는 사람도 많습니다. 끊임없이 어려움을 당해 두려워서 오는 사람들도 있습니다. 특히, 남자 중에는 세상

에서 죄를 짓고 살다가 하나님께 징계를 받아서 와 있는 사람도 있습니다. 할 수 없이 교회에 와서 앉아 있는 것입니다. 그래서 신앙생활이 힘든 것입니다. 전도 현장에 가보면 확신 없는 사람이 수두룩합니다. 종교생활을 통해 시달리다가 영적 문제를 가지고 교회에 온 사람들은 답과 확신이 없는 신자들을 보면서 흔들립니다. 확신이 없으니 엉뚱한 일을 열심히 하는 사람도 많습니다. 교회에 다니면 가장 먼저 성경을 배우고 성경에 기록된 복음과 구원, 영적 지식을 알아야 합니다. 그런데 이 사실을 모른 채 엉뚱한 것에 열심을 냅니다. 그러다보니 교회를 오래 다녀도 신앙이 자라지 못하는 것입니다. 이런 사람들에게 다양한 교회 프로그램을 시킨다고 해도 신앙생활을 제대로 할 수 없습니다.

확신 없이 신앙생활을 하는 사람에게 필요한 세 가지가 있습니다. 우리는 그들에게 이 세 가지를 알려주고 복음이 확립되도록 도와야 합니다.

하나님을 떠난 인생의 멸망 상태

하나님을 떠난 인생은 허물과 죄로 죽은 상태입니다.에베소서 2:1 사람은 날 때부터 원죄 가운데 태어납니다. 성경은 그 상태를 영적 사망이라고 말합니다. 당연히 죽은 영의 노력으로는 하나님을 만날 수 없습니다. 죄를 이길 수도 없습니다. 그래서 사람들은 평생토록 죄를 지으며 사는 것입니다. 성경은 이것을 "허물과 죄로 죽었다."라고 말씀하고 있습니다.

하나님을 떠나 죄 가운데 사는 인생은 공중 권세를 잡고 있는 사탄에 장악되어 세상 풍조를 따라 우상을 숭배하며 타락한 삶을 살게 됩니다.에베소서 2:2 육체의 욕심을 따라 지내며, 육체와 마음이 원하는 것을 하여 본질상 진노의 자녀로 사는 것입니다.에베소서 2:3 그러니 당연히 많이 가져도 평안함이 없고, 성취하면 할수록 더 허무해지며, 계속되는 스트레스로 정신과 마음이 병들어 보람도, 균형도 없는 삶을 살게 됩니다. 그리고 결국 가정 문제, 경제 문제, 질병으로 시달리다가 죽게 되어 영원한 지옥으로 떨어지는 것입니다.

　이것을 해결해보려고 철학이나 미신, 종교 등을 찾아가 보지만 답은 없고 더 고독해질 뿐입니다. 이러한 사실들을 모르니 교회를 다녀도 확신이 없는 것입니다. 이것을 알면 구원도 알게 됩니다.

구원

　구원이 무엇인지 알면 확신이 생깁니다. 성경 전체는 구원에 관해 상세히 설명하고 있습니다. 성경을 제대로 본다면 하나님을 떠난 멸망 상태가 얼마나 무서운 것인지 알게 됩니다. 그리고 그 안에서 구원받는 길을 깨닫게 됩니다.

　먼저 사람의 노력으로 구원받을 수 없다는 것을 깨달아야 합니다.에베소서 2:9 사람이 세상을 통해 얻는 평안은 세상적이고, 육신적이며, 쾌락적입니다. 그렇게 오는 평안함은 아주 잠시 동안만 지속됩니다.

사람의 의義는 더러운 옷과 같습니다.이사야 64:6 예를 들어 더러운 옷을 깨끗이 빨아놓고 아무런 곳에나 팽개쳐 놓으면 이내 먼지가 묻습니다. 하나님은 사람이 그 먼지 묻은 옷을 입고 깨끗하다고 자기의 의를 자랑하는 것을 원하지 않으십니다. 그래서 진실이나 선행을 통해서 죄를 이기려고 해도 실패하는 것입니다.

때로는 종교를 통해 구원받으려고 발버둥 치는 이들도 있습니다. 하지만 종교는 하나님이 주신 길이 아닙니다. 사람이 만든 것입니다. 그래서 마침내 엉뚱한 길로 가게 됩니다. 종교는 사람의 노력과 행위를 강조하지만, 원죄 가운데 있는 사람은 그 누구도 자신의 힘으로 죄와 사망, 사탄을 이길 수 없습니다. 그래서 예수님은 고난당하는 종교인들에게 이렇게 말씀하셨습니다.

"더러운 귀신이 사람에게서 나갔을 때에 물 없는 곳
으로 다니며 쉬기를 구하되 쉴 곳을 얻지 못하고 이

에베소서 2:8~9

"너희는 그 은혜에 의하여 믿음으로 말미암아 구원을 받았으니
이것은 너희에게서 난 것이 아니요 하나님의 선물이라
행위에서 난 것이 아니니
이는 누구든지 자랑하지 못하게 함이라"

에 이르되 내가 나온 내 집으로 돌아가리라 하고 와 보니 그 집이 비고 청소되고 수리되었거늘 이에 가서 저보다 더 악한 귀신 일곱을 데리고 들어가서 거하니 그 사람의 나중 형편이 전보다 더욱 심하게 되느니라 이 악한 세대가 또한 이렇게 되리라" 마태복음 12:43~45

예수님의 말씀처럼 종교를 통해 마음을 비우고 청소하며 수리할지라도 그 마음에는 오히려 더 악한 귀신들이 들어갈 뿐입니다. 그래서 종교생활을 열심히 하면 할수록 영적 문제는 더욱 심각해집니다.

사람들은 철학을 통해서도 인생 문제를 해결하려고 고민하고 또 고민합니다. 하지만 그럴수록 더 허무해질 뿐입니다. 철학은 질문으로 시작해서 질문으로 끝나는 학문입니다. 마치 답이 없는 수학 문제를 풀기 위해 끙끙 앓는 것과 똑같습니다. 철학을 열심히 연구하면 할수록 사람의 한계만 더 많이 깨닫게 될 뿐, 답은 없다는 결론에 이르게 됩니다. 그래서 사도 바

울은 철학은 세상의 초등 학문이며, 헛된 속임수라고 말했습니다.골로새서 2:8

그렇다면 구원이란 무엇이며, 구원의 길은 어디에서 찾을 수 있을까요? 구원이란 죄와 사망의 법과 권세에서 영원히 해방받는 것입니다. 또, 사탄의 권세에서 해방받는 것입니다. 구원은 오직 하나님의 은혜에 의하여 믿음으로 말미암아 받는 것입니다.에베소서 2:8 즉, 사람에게서 난 것이 아니요, 하나님의 선물입니다.

그러므로 사람을 구원할 수 있는 분은 따로 있습니다. 죄가 없는 분이어야 하며, 죽음을 이길 수 있고 생명을 줄 수 있는 분이어야 합니다. 사탄의 권세를 결박하신 분이어야 합니다. 그분은 오직 한 분입니다. 사람의 죄를 짊어지고 십자가에 죽었다가 사흘 만에 죽음을 이기고 부활하시어 당신이 하나님이심을 증명하신 분입니다. 그분은 성경대로 오셨고, 성경대로 우리의 죄를 위하여 죽으시고 장사 지낸 바 되셨다가 성경대로 사흘 만에 다시 살아나셨습니다.고린도전서 15:3-4 그분이 바로 인류의 구원자로 오신 예수 그리스도이십니다. 완전한 사람이며, 완전한 하나님으로 오신 예수 그리스도만이 사탄의 권세를 결박하셨습니다. 자신의 보혈로 사람의 죄를 씻어주셨습니다. 죽음을 정복하여 영생의 길을 열어놓으셨습니다. 그래서 귀신과 사탄은 지금도 예수 그리스도 이름 앞에 벌벌 떨고 도망갑니다. 사도행전 16:16~18, 마가복음 16:17

누구든지 이 사실을 믿고 예수 그리스도를 구주로 믿고 영접하는 사람은 구원을 받을 수 있습니다. 구원은 긍휼이 풍성하신 하나님의 큰 사랑으로 받는 것입니다.

"하나님이 세상을 이처럼 사랑하사 독생자를 주셨으니 이는 그를 믿는 자마다 멸망하지 않고 영생을 얻게 하려 하심이라" 요한복음 3:16

"영접하는 자 곧 그 이름을 믿는 자들에게는 하나님의 자녀가 되는 권세를 주셨으니 이는 혈통으로나

육정으로나 사람의 뜻으로 나지 아니하고 오직 하나님께로부터 난 자들이니라" 요한복음 1:12~13

영접하는 자가 누리는 복

예수님이 그리스도임을 믿고 구주로 영접할 때 하나님 자녀가 되는 권세를 얻습니다. "주는 그리스도시요 살아계신 하나님의 아들이십니다!"라고 고백할 때 큰 확신이 생깁니다. 예수님을 영접할 때 보혜사 성령께서 우리 영 가운데 임하십니다. 이때 참된 평안과 하나님 자녀 된 큰 기쁨과 감격을 맛보게 됩니다.

예수님이 그리스도라고 고백한 시몬 베드로에게 예수님은 다음과 같이 말씀하셨습니다.

"… 바요나 시몬아 네가 복이 있도다 이를 네게 알게

한 이는 혈육이 아니요 하늘에 계신 내 아버지시니
라 또 내가 네게 이르노니 너는 베드로라 내가 이 반
석 위에 내 교회를 세우리니 음부의 권세가 이기지
못하리라 내가 천국 열쇠를 네게 주리니 네가 땅에
서 무엇이든지 매면 하늘에서도 매일 것이요 네가
땅에서 무엇이든지 풀면 하늘에서도 풀리리라…" 마
태복음 16:17~19

지상 최고의 복은 예수님이 그리스도임을 깨닫는 것입니다. 이것은 사람의 힘으로 되는 것이 아닙니다. 하나님의 은혜로 깨닫게 되는 것입니다. 주님은 그 신앙고백 위에 주님의 교회를 세우십니다. 예수님을 그리스도로 믿고 고백하는 사람들의 모임이 교회입니다. 주님은 교회를 통해 복음을 전파하십니다. 어떤 흑암 세력도 교회를 이길 수 없습니다. 주님은 교회의 기도에 응답하시고, 교회를 통해 죄와 사망의 권세에 묶인 자를 해방시키고 살리십니다. 이처럼 예수님을 영접한 사람은 세상이 감당하지 못하는 복을 누리게 됩니다. 즉, 예수님을 그리스도로 영접한 사람은 가는 곳마다 복음을 전파하는 복, 모든 흑암 세력을 물리치는 복, 기도응답의 복을 누리게 됩니다. 이 놀라운 복을 맛보게 되면 생기는 당연한 것이 바로 큰 확신입니다.

지금까지 믿음과 소망의 확신 없이 축복을 놓치고 있었다면, 오늘 주님을 영접하고 다시 새로운 신앙생활을 시작할 수 있습니다.

지금 이 시간 저와 함께 영접 기도문으로 기도하고 하나님께로 나아가면 됩니다.

"사랑하는 주님! 저는 죄인입니다. 지금까지 하나님을 부인하고 죄 가운데 살았습니다. 제가 어디서 와서 무엇을 하다가 어디로 가는지도 모른 채 살아왔습니다. 이제야 깨달았습니다. 세상의 철학과 방법이 아니라 오직 예수 그리스도만이 인생의 주인이시며, 구원자 되심을.

주님! 저를 용서해주시고 구원하여 주옵소서. 예수님은 그리스도이심을 믿습니다. 저를 위해 십자가에 죽으시고, 사흘 만에 부활하신 그리스도이심을 믿습니다. 지금 주님 앞에 제 마음 문을 활짝 엽니다. 사랑하는 주님! 예수님을 저의 구주로 영접합니다. 지금 제 안에 들어오셔서 저의 주인이 되어주옵소서. 저의 인생을 주님께 다 맡깁니다. 철학과 종교의 헛된 속임수에 빠진 사람들을 건져내는 주님을 위한 사람으로 사용해주옵소서. 살아계신 예수 그리스도 이름으로 기도합니다. 아멘."

이제 당신은 하나님 자녀가 되었습니다. 확신 없는 사람의 삶을 떠나 예수 그리스도로 말미암아 하나님 자녀가 된 믿음의 확신 안에서 신앙생활을 시작한 당신을 축하합니다.

05
상대를 아는 사람

요한복음 14:26~27 "보혜사 곧 아버지께서 내 이름으로 보내실 성령 그가 너희에게 모든 것을 가르치고 내가 너희에게 말한 모든 것을 생각나게 하리라 평안을 너희에게 끼치노니 곧 나의 평안을 너희에게 주노라 내가 너희에게 주는 것은 세상이 주는 것과 같지 아니하니라 너희는 마음에 근심하지도 말고 두려워하지도 말라"

낙심자

People Who Are In Despair

어느 날, 저와 몇 명의 일행이 식사를 하려고 음식점에 갔습니다. 한 여종업원이 음식을 나르고 고기를 굽기 위해 여러 번 말을 걸어왔습니다. 저는 그분에게 복음을 전해야겠다고 생각했습니다. 저는 그분이 세 종류의 사람 중 한 명일 것이라고 짐작했습니다.

'지금 하나님이 이분에게 복음을 전하길 원하시는구나. 아마도 이분은 무신론자이거나 확신이 없는 사람이거나 또는 교회를 다니다가 낙심한 사람일 것이다.'

저는 식사를 하며 그분과 대화를 시작했습니다.

"교회에 다녀본 적 있습니까?"

"20년이나 다녔지요. 그런데 남편이 워낙 반대해서 지금

05
낙 심 자

은 안 다니고 있습니다."

"20년 동안 교회만 다녔군요."

"예."

"당신은 교회만 다녔지 구원은 받지 못했습니다. 하나님의 딸이 되지 못한 것입니다. 당신이 하나님의 딸이 되면 남편을 변화시킬 힘이 생기는데, 그렇지 못해서 당신이 남편에게 진 것입니다. 하나님 자녀의 신분이 아니니 남편을 변화시킬 힘이 없는 것입니다. 그런데도 어떻게 20년을 다녔습니까?"

"네, 정말 힘들었습니다."

저는 그 자리에서 그분에게 복음의 핵심을 설명해주었습니다. 그녀는 하던 일을 멈추고 그 자리에서 무릎을 꿇고 예수님을 영접했습니다. 그리고 눈물을 흘리며 말했습니다.

"이제야 무슨 말인지 알겠습니다."

저는 그분에게 이제부터 교회에 다시 다닐 수 있도록 기도하라고 권유했습니다.

"당신은 하나님 자녀가 되었습니다. 이제 교회에 갈 수 있도록 기도하세요. 교회에 갈 수 있는 문으로 하나님이 인도하실 것입니다. 또, 앞으로는 남편과 싸우지 마십시오. 남편의 영혼을 놓고 기도해주십시오. 성령이 당신과 함께하시는데 남편을 변화시킬 힘이 없겠습니까?"

짧은 시간의 대화였지만, 그분에게는 확신이 생겼고, 다음과 같은 고백을 했습니다.

"이제야 무슨 말인지 알겠습니다. 정말 고맙습니다. 꼭 명심하겠습니다."

오늘날 교회를 다니다가 낙심하여 교회생활을 그만둔 사람이 넘치도록 많습니다. 왜 그들은 교회를 떠났을까요? 대표적 이유 세 가지가 있습니다. 다음의 내용에서 그 이유를 확인하고 그들이 다시 신앙생활을 할 수 있도록 도우면 됩니다.

가장 큰 이유, 유일한 이유

당신이 낙심하여 사는 가장 큰 이유이자 유일한 이유는 하나님을 만나지 못했기 때문입니다. 복음을 들었는데도 믿지 않았다면 당신의 책임이지만, 교회에서 당신에게 정확한 복음을 알려주지 않았다면 교회의 책임이 아주 큽니다.

교회를 다니는 신자 중에서도 예수 그리스도로 구원을 받는다는 사실을 모르는 사람이 참 많습니다. 당신 역시 하나님, 그리스도, 자기 자신이 누구인지 모르고 있습니다. 그래서 신앙에 확신이 없는 것입니다.

이런 신앙생활을 하다 보면 회의감을 느끼거나 시험에 빠져 낙심하게 됩니다. 심지어 아예 무신론자가 되기도 합니다. 어떤 사람은 성경 공부도 많이 하고 성경구절도 많이 외우며, 신학 공부까지 했음에도 불구하고 확신이 없어서 낙심하는 경우도 있습니다. 결국, 교회를 다니다가 그만두는 것입니다. 사실상 그들은 교회당을 다닌 것이지, 교회를 다닌 것은 아닙니다. 교회는 '예수를 그리스도로 믿는 사람들의 모임'입니다. 즉, '구원받은 사람들의 모임'을 말하는 것입니다. 그들이 모이는 건물이 교회당입니다. 그래서 교회에 속하지 못하고 그저 교회당만 다닌 사람은 하나님을 만날 수 없습니다. 진실로 예수를 그리스도로 믿고 구원받은 사람이 교회의 일원이 되는 것입니다. 그런데 교회가 이 사실을 알려주지 않았던 것입니다. 하나님을 제대로 믿고 싶어서 교회를 다녔는데 말 그대로 교회만 다닌 것입니다. 이제 당신에게 예수 그리스도의 생명이 필요합니다. 그러면 낙심하지 않는 행복한 신앙생활을 할 수 있습니다.

관심이 없거나 가르쳐주지 않았거나

반대로 복음을 들을 기회가 있었지만, 관심이 없었을 수도 있습니다. 주위 사람 중에서 아무도 복음을 가르쳐주지 않앉을 수도 있습니다. 당신에게는 지금 복음이신 예수 그리스도가 필요합니다. 그분을 만나야 하나님을 만나고 그때야 비로소 신앙생활이 시작되기 때문입니다. 지금 저는 당신에게 그 그리스도를 설명하고자 합니다.

믿음은 그리스도의 말씀을 들음에서 생겨납니다.로마서 10:17 '그리스도'란 '기름부음을 받은 자'라는 뜻입니다. 구약시대에 기름부음을 받아서 임명된 세 가지 직분이 있었습니다. 제사를 드려 백성들의 죄를 해결하는 제사장, 대적으로부터 백성을 보호하고 통치하는 왕, 하나님의 말씀을 전달하는 선지자입니다. 그들은 모두 하나님의 일을 하는 사람으로서 머리에 기름을 부어 임명받았습니다. 그리고 그들은 장차 오실 메시아 그리스도에 대한 모형이었습니다. 즉, 구약시대의 세 가지 직분은 실체이신 그리스도의 그림자였다고 볼 수 있습니다.

신약시대에 성령으로 기름부음을 받고 그리스도로 세워진 분이 계셨습니다. 그분이 바로 나사렛 예수이십니다. 그리고 그분은 그리스도의 직분을 받은 자이셨습니다. 그리스도는 세 가지를 해결하기 위해 하나님이 세우신 직분입니다. 첫째, 우리가 해결하지 못하는 죄 문제를 해결하러 오셨습니다. 둘째, 사탄의 일을 멸하시고 우리를 해방하러 오셨습니다. 셋째, 사망과 지옥 문제를 해결하러 오셨습니다. 이 세 가지를 해결하러 오신 참 제사장, 참 왕, 참 선지자가 바로 그리스도이십니다. 이 세 가지를 그리스도의 삼중직이라고 합니다. 예수님은 죄 없는 몸으로 죄 많은 우리를 위해 십자가에 죽으시고, 우리의 죄를 속량하셨습니다. 그리고 사흘 만에 부활하심으로 사망을 폐하시고 영생의 길을 열어놓으셨습니다. 예수님은 십자가의 죽음과 부활을 통해 우리를 얽어매는 죄와 사망의 굴레에서 풀어주셨습니다. 그리하여 죄와 사망을 통해 우리를 공격하는 사탄의 권세를 결박하셨습니다. 그래서 오직 예수만이 그리스도이십니다. 예수님은 섬김을 받으려 함이 아니라 도리어 섬기고 자기 목숨을 많은 사람의 대속물로 주려고 오셨습니다. 마가복음 10:45 예수님은 길이요 진리요 생명이시니, 그로 말미암지 않고는 아무도 하나님 아버지께로 올 사람이 없습니다.요한복음 14:6 그가 하나님의 아들로 이 땅에 오신 이유는 마귀의 일을 멸하기 위함입니다.요한일서 3:8 하나님이 나사렛 예수에게 성령과 능력을 기름 붓듯 하셨으매 그가 두루 다니시며 선한 일을 행하시고 마귀에게 눌린 모든 자를 고치셨습니다.사도행전 10:38 예수님은 성경대로 우리 죄를 위하여 죽으시고 장사 지낸 바 되셨다가 성경대로 사흘 만에 다시 살아나시고 그의 제자들에게 나타나 보이셨습니다.고린도전서 15:3~8 하나님이 세상을 이처럼 사랑하사 독생자를 주셨으니 이는 그를 믿는 자마다 멸망하지 않고 영생을 얻게 하려 하심입니다.요한복음 3:16 우리가 아직 죄인 되었을 때 그리스도께서 우리를 위하여 죽으심으로 하나님께서 우리에 대한 자기의 사랑을 확증하셨습니다.로마서 5:8 만일 누구든지 입으로 예수를 주로 시인하며, 또 하나님께서 그를 죽은 자 가운데서 살리신 것을 마음에 믿으면 구원을 받을 수 있습니다.로마서 10:9 영접하는 자 곧 그 이름을 믿는 자들에게는 하나님 자녀가 되는 권세를 주셨습니다.요한복음 1:12 이것을 복음이라고 말합니다. 이 사실을 알고 믿는 순간부터 하나님 자녀가 되며, 하나님의 역사가 일어납니다. 그래서 살아계신 주님이신 예수 그리스도를 영접해야만 생명을 얻을 수 있습니다.

그리스도도 모르고 믿음도 없는 신앙생활

당신이 낙심했던 이유는 사실은 그리스도를 모르고 믿음도 없이 교회만 다녔기 때문입니다. 그래서 구원을 받을 수 없었고, 지금의 시간까지 온 것입니다. 여전히 심각한 죄와 사탄의 지배 아래, 지옥의 배경 가운데 있는 것입니다. 그 안에서 빠져나오는 중요한 축복을 알려주기만 해도 당신은 살 수 있습니다. 당신은 하나님의 존재와 하나님과의 동행을 체험하지 못했습니다.

즉, 하나님이 살아계시고 항상 함께 계신다는 사실을 한 번도 체험하지 못한 것입니다. 히브리서 11:6, 잠언 3:5-6 그들은 하나님으로부터 온 성령을 받지 못했기 때문입니다.고린도전서 2:10-14 성령을 받지 못한 사람은 영적 분별을 하지 못합니다. 하나님이 은혜로 주신 것을 알지 못합니다. 하나님을 만나고 체험하려면 그리스도가 누구이신지 정확히 알고, 그분을 구주로 영접해야 합니다. 그리스도로 오신 예수님을 영접할 때 성령께서 그 사람 속에 임하시며 영원토록 함께하십니다.요한복음 1:12, 14:16~17 그리고 성령께서 모든 것을 가르치시고 예수님의 말씀도 생각나도록 도우시며 세상에서 줄 수 없는 참된 평안함으로 세밀히 인도하십니다.요한복음 14:26~27 그러므로 이제 예수 그리스도 이름으로 기도할 때마다 성령 충만을 주시며, 능력으로 역사하실 것입니다.사도행전 2:1~13

지금 이 시간 저와 함께 영접 기도문으로 기도하고 하나님께로 나아가면 됩니다.

"사랑하는 주님! 저는 죄인입니다. 지금까지 하나님이 하신 일을 알 길이 없고, 궁금하지도 않아하는 무기력의 죄 가운데 살았습니다. 제가 어디서 와서 무엇을 하다가 어디로 가는지도 모른 채 살아왔습니다. 이제야 깨달았습니다.

주님! 저를 용서해주시고 구원하여 주옵소서. 예수님은 그리스도이심을 믿습니다. 저를 위해 십자가에 죽으시고, 사흘 만에 부활하신 그리스도이심을 믿습니다. 지금 주님 앞에 저의 마음 문을 활짝 엽니다. 사랑하는 주님! 지금 제 마음에 들어오시옵소서. 예수님을 저의 구주로 영접합니다. 지금 제 안에 들어오셔서 저의 주인이 되어주옵소서. 저의 인생을 주님께 다 맡깁니다. 저처럼 낙심했던 자들을 주님 앞에 돌아올 수 있도록, 저를 주님을 위한 사람으로 사용하여 주옵소서. 살아계신 예수 그리스도 이름으로 기도합니다. 아멘."

이제 하나님의 형상으로 회복된 당신은 참된 그리스도인이 되었습니다. 지금부터 삶의 현장에서 그리스도의 대사의 사명을 감당해야 합니다. 그리스도인들이 복음을 전파함으로 사탄의 권세에 묶여 있는 영혼들을 해방시키며 죄의 노예 상태에 있는 사람들을 건져내고, 구원의 길을 잃고 방황하는 영혼들을 하나님 앞으로 인도할 수 있습니다.

우리가 진실로 복음이신 예수 그리스도를 위해 산다면 많은 것이 새롭게 보일 것입니다. 다시 말해, 우리가 진짜 복음을 위해 살아야 할 이유를 발견했다면 많은 것을 발견하게 될 것입니다. 아직도 그 발견을 하지 못했다면 진실로 중요한 것을 놓친 것입니다. 그런 사람들은 아주 어리석은 말을 합니다. "아니, 전도가 다입니까? 왜 전도만 하라고 하십니까?" 우리는 여기서 아주 중요한 한 가지를 깨달아야 합니다. 낙심자였던 당신을 변화시킨 예수 그리스도가 다입니다. 하나님은 예수 그리스도 안에 모든 것을 숨겨놓으셨습니다. 그렇기 때문에 이제는 낙심자에서 벗어난 그리스도인으로 그리스도를 알려야 합니다. 그리스도를 전하는 것이 곧 전도입니다. 성도는 누구든지 자기가 만난 예수 그리스도를 증언할 수 있는 증인이 되어야 합니다. 성도의 삶은 예수 그리스도 중심이 되어야 하며, 성도의 삶의 우선순위는 기도가 되어야 합니다. 그리고 성도의 삶의 전부는 전도를 향하고 있어야 합니다.

우리는 어디서 무엇을 하든지 그 시간 그 현장에서 그 사람을 살리는 전도자로서 살아야 할 것입니다. 낙심자였던 당신은 이제 주님을 향한 생명 있는 삶을 시작했습니다. 주변에도 교회를 떠났지만, 늘 주님을 기억하며 회심하길 원하는 이들이 있을 것입니다. 그들을 만났을 때, 오늘의 당신처럼 예수 그리스도를 만나게 도우면 됩니다.

06
상대를 아는 사람

마태복음 12:7 "나는 자비를 원하고 제사를 원하지 아니하노라 하신 뜻을 너희가 알았더라면 무죄한 자를 정죄하지 아니하였으리라"

율법주의자

People Trapped in Legalism

매우 가난한 아주머니 한 분이 슈퍼마켓에 갔습니다. 그녀는 빵과 우유를 사면서 고기를 몇 근 훔쳤습니다. 카운터에서 계산을 할 때는 빵과 우유 값만 냈습니다. 그런데 계산하던 아가씨가 "아줌마, 그 가방 좀 열어보세요."하고 말했습니다. 아주머니는 열지 않겠다고 우겼으나 경찰이 왔을 땐 열지 않을 수 없었습니다. 가방에서는 고기가 나왔습니다. 그녀는 경찰서로 끌려갔고 재판까지 받게 되었습니다.

재판관은 그 가난한 아주머니를 부드럽게 심문했습니다. 그러다가 그녀가 남편에게 버림을 받았으며, 현재 집도 없이 다섯 명의 아이를 기르고 근래 몇 달 동안 기름진 음식이라고는 한 번도 입에 대보지 못했다는 사실을 알게 되었습니다. 사정을 알게 된 재판관은 아주머니를 감옥에 보내는 대신 가족

06
율법주의자

이 살기에 적절한 집을 제공해주고 연금을 지급 받도록 해주었습니다. 재판관에게는 법의 정신이 법조문보다 더 중요했기 때문입니다.

요한복음에는 간음하다 붙잡혀 온 한 여인에 대한 이야기가 나옵니다. 예수님은 그 여인을 돌로 치라는 형식에 치우친 사람들의 행위를 저지하셨습니다. 예수님은 율법의 제정자인 동시에 사람의 마음을 잘 아시는 분이었습니다. 또한, 여인의 주위 환경을 아셨으며, 그녀가 지금 회개했다는 사실도 아셨습니다. 예수님은 그녀에게 부드럽게 말씀하셨습니다. "나도 너를 정죄하지 아니하노니 가서 다시는 죄를 범하지 말라" 요한복음 8:11 예수님에게는 율법 자체보다 율법의 정신이 더 중요했기 때문입니다.

- 후안 카를로스 오르티즈 저 「인간 심성의 외침」

하나님의 말씀은 나의 영적 상태를 비추어 보는 거울입니다. 수시로 나의 모습을 비추어 볼 수 있습니다. 하지만 그 거울로 다른 사람의 모습만 비춰보는 사람들이 있습니다. 그들은 거울을 가지고 있다는 사실에만 도취된 나머지 거울을 보고 자신을 다듬어 갈 생각을 전혀 하지 않습니다. 오히려 거울이 없는 사람들을 멸시합니다. 이렇게 영적 교만에 빠진 채 추한 몰골로 변해갑니다. 그들이 누구일까요? 바로 율법주의자입니다. 그들은 율법을 지키려 노력했지만, 율법의 정신인 '사랑'을 놓쳤습니다. 오히려 영적 교만에 사로잡혀 사람을 정죄할 뿐 살리지 못했습니다. 그들은 예수님이 죄인들과 식사하는 것을 비난했습니다.마태복음 9:11 그들 속에는 긍휼의 마음이 없었습니다. 초대교회에도 율법주의 신앙인들이 있었습니다. 그들은 베드로가 이방인들과 함께 식사했다고 비난했습니다.사도행전 11:1~18 이처럼 오늘날, 그리스도인이라 불리는 사람들이 말씀으로 자신을 가다듬지 않고 남을 정죄하며 영적 교만에 빠져 있다면 참으로 안타까운 모습일 것입니다.

우리는 먼저 하나님이 주신 율법과 그 이유를 확인하고, 율법주의자들이 하나님 선물로 주신 생명적 복음으로 신앙생활 시작할 수 있도록 도와야 합니다. 다음의 내용들을 읽으며 그들을 도울 준비를 해야 합니다.

율법을 주신 이유

율법은 출애굽 이후, 하나님이 모세를 통해 시내산에서 이스라엘 백성에게 주신 것입니다. 하나님은 본래 자기 백성을 정죄하기 위해서 율법을 주신 것이 아니라 그들을 사랑해서, 그들의 행복과 생명과 복을 위해 주셨습니다. 신명기 4:8, 10:13, 30:15~16, 33:3~4 보통은 십계명을 중심으로 한 모세오경을 가리키지만, 때로는 구약성경 전체를 가리키기도 합니다. 이 율법은 모두 613개조로서, "하라."라는 율법이 248개, "하지 말라."라는 율법이 365개로 되어 있습니다. 하지만 그 누구도 율

히브리서 9:11~12

"그리스도께서는 장래 좋은 일의 대제사장으로 오사
손으로 짓지 아니한 것 곧 이 창조에 속하지 아니한
더 크고 온전한 장막으로 말미암아 염소와 송아지의 피로 하지 아니하고
오직 자기의 피로 영원한 속죄를 이루사
단번에 성소에 들어가셨느니라"

법을 다 지킬 수 없습니다. 누구든지 모든 율법을 지키다가 그 중 하나를 범하면 모두 범한 자가 됩니다.야고보서 2:10

그렇다면 하나님은 왜 이스라엘 백성에게 율법을 주셨을까요? 죄를 깨닫게 하기 위함입니다.로마서 3:20, 7:7 하지만 율법은 정죄할 뿐 죄를 해결하지는 못합니다. 그래서 하나님은 우리를 예수 그리스도께로 안내하셨습니다. 예수님은 십자가 대속을 통해 영원한 속죄를 이루셨습니다.히브리서 9:12 율법은 그리스도께서 인도하는 초등교사가 되어 믿음으로 의롭다 함을 얻게 합니다.갈라디아서 3:24 그렇다고 율법이 필요 없는 것이 아닙니다. 율법은 예수님을 만난 우리를 믿음으로 나아가게 합니다. 세상과 구별하여 살게 합니다. 예수님은 율법의 마침, 즉 완성이 되셨습니다.로마서 10:4 율법을 바르게 해석해주셨습니다. 그래서 믿음의 사람들은 그 새로운 해석에 따라 살아야 합니다.

본질을 왜곡한 율법주의

율법주의legalism란 자신의 힘으로 율법의 요구를 만족시켜서 구원을 받으려고 노력하는 것입니다. 율법주의 신앙인은 그리스도의 은혜 아래로 나아오기를 거절하는 사람입니다. 그러나 이 땅에 율법의 행위로는 의롭다 하심을 얻을 육체가 없습니다.로마서 3:20 그럼에도 불구하고 바리새인들은 율법의 행위로 구원을 받을 수 있다고 주장했습니다. 예수님은 그들의 왜곡된 율법주의를 지탄하셨습니다.

"화 있을진저 외식하는 서기관들과 바리새인들이여 너희가 박하와 회향과 근채의 십일조는 드리되 율법의 더 중한 바 정의와 긍휼과 믿음은 버렸도다 그러나 이것도 행하고 저것도 버리지 말아야 할지니라"마태복음 23:23

바리새인들은 율법을 지키기 위해 무던히도 애를 썼습니다. 그러나 그들은 율법을 지키는데 집착한 나머지 율법의 본질을 놓쳐버렸습니다. 율법을 강조하는 그들 속에는 정작 율법의 본질인 정의와 긍휼과 믿음이 없었습니다. 예수님은 그들에 대하여 "맹인이 되어 맹인을 인도하는 자"라고 말하셨습니다.마태복음 15:14 그들은 자신들의 전통으로 하나님의 계명을 어겼습니다. 그들은 하나님의 말씀보다 장로들의 전통, 즉 사람의 계명을 더 중히 여겼던 것입니다.마태복음 15:7-9

율법주의에 빠진 사람들

교회는 예수를 그리스도로 믿고 하나님 자녀가 된 성도들의 모임입니다. 하지만 오랫동안 교회를 다니면서도 복음을 듣지 못하고 종교생활만 배우는 사람들이 있습니다. 그들은 많은 노력을 하지만, 하나님의 은혜를 전혀 받지 못합니다. 그래서 고통 가운데 고민하고 있습니다. 일이나 사람 때문에 시달리는 사람도 있습니다. 진실을 숨긴 채 거짓말하는 신자도 있습니다. 그래서 점점 자기도 모르게 율법주의에 빠져들게 됩니다. 언젠가 중요한 일도 맡게 되지만, 교회 안에 더 많은 문제를 보게 됩니다. 이때 율법적인 눈, 말, 행동이 나오게 됩니다. 다른 사람에게 상처를 입히게 되고 갈등에 휘말리게 됩니다. 그러한 종교생활은 본인은 물론 가족들에게도 치명적인 악영향을 끼치게 됩니다. 결국 제일 복된 자리에 있으면서 재앙을 받게 됩니다. 사실 이 정도까지 되었다면 심각한 영적 문제에 걸려 있는 것입니다. 이러한 사람에게는 후천적 영적 문제가 끊이지 않고 계속됩니다. 완전히 분쟁에 휩싸이게 되어 파멸에 이릅니다. 이것이 사탄이 노리는 꼼수입니다. 요즘 안타깝게도 교회에서 일어나는 분쟁은 흔한 뉴스거리가 되었습니다. 뉴스에 비친 사람들의 모습에는 예수님의 모습이 전혀 보이지 않습니다. 위선적 종교인의 모습만 보일 뿐입니다. 그렇다면 당신은 어떻습니까? 율법입니까, 율법주의자입니까?

로마서 10:4

"그리스도는 모든 믿는 자에게
의를 이루기 위하여
율법의 마침이 되시니라"

율법주의자는 교회를 다니면서도 위선적인 종교생활만 하게 됩니다. 생명이 없기 때문입니다. 생명이 없는 종교생활은 아무리 많이 해도 신앙이 자라지 못합니다. 생명이 없는데 외적 의식을 아무리 많이 지킨다 한들 신앙이 자랄 리가 없습니다. 생명 없는 나무를 땅에 심어놓고 물을 주면 언젠가 썩어서 부러지고 맙니다. 그러나 생명 있는 나무는 처음에는 약해 보여도 시간이 흐를수록 점점 더 뿌리를 견고히 내리고 열매를 맺습니다.

그러므로 교회에서 봉사도 해야 하지만 일에 시달리는 수준이라면 차라리 하지 않는 것이 좋습니다. 봉사보다는 오히려 은혜 받는 것이 우선입니다. 우리는 일의 종이 아니라 하나님의 종이 되어야 합니다. 그래서 예수님은 율법주의에 눌려 있는 사람들을 참된 쉼으로 초청하셨습니다.

"수고하고 무거운 짐 진 자들아 다 내게로 오라 내가 너희를 쉬게 하리라 나는 마음이 온유하고 겸손하니 나의 멍에를 메고 내게 배우라 그리하면 너희 마음이 쉼을 얻으리니 이는 내 멍에는 쉽고 내 짐은 가벼움 이라 하시니라"마태복음 11:28~30

율법주의에서 벗어나는 길

먼저 사람에 대해 알아야 합니다. 하나님을 떠난 사람은 자력으로 운명에서 빠져나올 수 없습니다. 성공할수록 문제가 옵니다. 사람은 자력으로 죄를 해결할 수 없습니다. 사탄의 속임수를 벗어날 수 없습니다. 사탄의 존재와 전략을 알아야 합니다. 사탄은 하나님을 배신하고 타락한 천사들의 우두머리로서 지금도 활동하고 있습니다. 어떻게든 복음을 모르게 속입니다. 속이는 영으로서 사람들의 영혼과 정신세계 속으로 파고들어서 삶을 멸망으로 끌고 갑니다. 육신적인 것으로 유혹하여 멸망시킵니다. 복음을 알지 못하면 심각한 결과가 오는 것입니다. 이것이 사탄의 전략입니다. 모든 것을 다 주지만 복음만 깨닫지 못하게 합니다. 그러나 복음을 바르게 깨닫고 뿌리를 내리는 그날, 사탄은 무너지는 것입니다.

    그러므로 복음을 제대로 알고 뿌리내리는 것이 살 길입니다. 복음을 듣고 예수님을 영접하고 생명을 얻어야 합니다. 그리고 복음의 말씀을 지속적으로 배우며 삶에 적용하고 영혼 깊은 곳까지 뿌리내려야 합니다. 복음이 인격 속에 뿌리내린 만큼 삶으로 나타납니다. 그러면 신앙생활이 얼마나 좋은 것인지 맛보게 됩니다. 잘 자란 나무가 철을 따라 열매를 맺듯이

풍성한 은혜의 열매를 맺게 됩니다.

율법대로 하면 우리는 죽어 마땅한 자들입니다. 하지만 하나님이 그리스도의 십자가 사랑으로 우리를 구원하셨습니다. 예수 그리스도는 우리를 대신하여 십자가에 죽으심으로 우리의 죄를 해결하셨습니다. 장사된 지 사흘 만에 부활하시어 사망의 권세를 폐하셨습니다. 그리고 죄와 사망을 통해 왕노릇하는 사탄의 권세를 결박하셨습니다. 누구든지 이 사실을 믿고 예수님을 구주로 영접하면 하나님 자녀가 됩니다. 이것이 복음입니다. 이 복음은 모든 믿는 자에게 구원을 주는 하나님의 능력이 됩니다. 로마서 1:16 오직 의인은 믿음으로 말미암아 살아야 합니다. 로마서 1:17 믿음은 하나님의 말씀을 들음에서 납니다. 로마서 10:17

지금 이 시간 저와 함께 영접 기도문으로 기도하고 하나님께로 나아가면 됩니다.

"사랑하는 주님! 저는 죄인입니다. 지금까지 하나님이 주신 율법을 제대로 이해하지 못 하고 율법주의자가 되어 사람들을 정죄했습니다. 복음이신 예수 그리스도의 생명에는 관심도 없었습니다. 그런데 이제야 깨달았습니다.

주님! 저를 용서해주시고 구원하여 주옵소서. 예수님은 그리스도이심을 믿습니다. 저를 위해 십자가에 죽으시고, 사흘 만에 부활하신 그리스도이심을 믿습니다. 지금 주님 앞에 저의 마음 문을 활짝 엽니다. 사랑하는 주님! 예수님을 저의 구주로 영접합니다. 지금 제 안에 들어오셔서 저의 주인이 되어 주옵소서. 저의 인생을 주님께 다 맡깁니다. 저처럼 율법에 묶여 예수 생명, 예수 능력을 모르고 사는 사람들을 주님 앞에 돌아올 수 있도록, 저를 주님을 위한 사람으로 사용하여 주옵소서. 살아계신 예수 그리스도 이름으로 기도합니다. 아멘."

예수 그리스도로 하나님 자녀의 자리에 들어간 당신은 이제 하나님의 말씀을 회복해야 합니다. 하나님의 말씀은 살아

있고 활력이 있습니다.히브리서 4:12 좌우에 날선 어떤 검보다도 예리하여 혼과 영과 및 관절과 골수를 찔러 쪼개기까지 하며 치유하는 능력이 있습니다. 주의 말씀은 우리의 가는 길에 등이요 빛입니다.시편 119:105 복음을 깊이 뿌리내리고 말씀을 묵상하며 말씀에 사로잡힐 때 당신은 비로소 믿음으로 충만해집니다. 우리의 생각도 마음도 믿음으로 채워집니다. 거기에서 나오는 기도야말로 복음을 누리는 참된 기도가 됩니다. 그 속에서 우리는 성령으로 충만해지며, 성령의 권능을 입게 되고, 하나님의 뜻을 따라 살아갈 수 있습니다. 성령의 사람은 성령의 열매를 맺습니다.갈라디아서 5:22~23 성령의 열매는 사랑과 희락과 화평과 오래 참음과 자비와 양선과 충성과 온유와 절제입니다. 이때 남을 정죄하는 율법주의자가 아니라 복음으로 남을 이해하고 용서하며, 배려하고 사랑하며, 축복하여 살리는 복음 전도자가 될 수 있습니다.

초판 2쇄 발행	2019년 4월 5일
초판 9쇄 발행	2023년 3월 6일

저 자	류광수 목사
발 행 처	사단법인 세계복음화전도협회 ｜ 도서출판 생명

주 소	서울시 강서구 강서로 56길 84(237센터)
홈페이지	www.weea.kr

이 출판물의 출판권과 저작권은 사단법인 세계복음화전도협회에 있습니다.
따라서 무단 전재와 무단 복제를 할 수 없습니다.
잘못된 책은 교환해 드립니다.